Le monde délirant d'Ally

8. Tatouages, tortue et têtes à claques

Cet ouvrage a été réalisé par les Éditions Milan
avec la collaboration de Claire Debout.
Maquette : Bruno Douin (couverture)
Petits Papiers (intérieur)

Titre original : *Tattoos, Telltales and Terrible, Terrible Twins*

First published in the UK by Scholastic Ltd, 2002
Scholastic Children's Books,
Commonwealth House, 1-19 New Oxford Street,
London WC1A 1NU, UK
A division of Scholastic Ltd

300, rue Léon-Joulin, 31101 Toulouse Cedex 9, France
Loi 49-956 du 16 juillet 1949
sur les publications destinées à la jeunesse
ISBN : 978-2-7459-5631-6
www.editionsmilan.com

Karen McCombie

Le monde délirant d'Ally

8. Tatouages, tortue et têtes à claques

Traduit de l'anglais par
Amélie Sarn

MILAN

Prologue

Chère Maman,

Aujourd'hui, Sandie nous a montré une échographie de son petit frère. Nous étions au McDo, ce qui n'était pas une idée géniale : nous nous la sommes passée de mains en mains en roucoulant d'extase et le cliché a très vite été couvert de taches de doigts graisseux.

À vrai dire, nous n'avons pas toutes roucoulé. Chloë a ricané en affirmant que ça ressemblait à une photo de beignet floue ! On lui a jeté un regard noir, évidemment. Sur la première écho que Sandie nous a montrée, son petit frère ressemblait effectivement à un beignet. Mais il devait être âgé de… cinq minutes ! Maintenant, il a la forme d'un vrai bébé, avec des doigts et des orteils et une expression de surprise sur le visage. (On dirait Sandie ! Murmurez « Bouh ! » à trois kilomètres et elle sursaute !)

Sandie n'est plus aussi perturbée qu'au début à l'idée d'avoir un petit frère. Il faut reconnaître que ça doit faire drôle, quand on a été fille unique pendant treize ans, de voir débarquer un nouveau membre dans la famille ! Et d'être censé l'aimer sans se prendre la tête alors que vos parents ont oublié jusqu'à votre nom tellement ils sont heureux !

Bien sûr, nous en sommes venues à parler des avantages et des inconvénients d'être enfant unique ou d'avoir des frères et sœurs. Kellie (fille unique) affirme qu'elle est ravie d'avoir sa mère pour elle toute seule. Kyra (fille unique également) prétend que c'est justement ça le problème. Mais elle ajoute que ça permet de demander plus d'argent de poche. Étonnant de la part de Kyra, cette réflexion, non ? Non !

Jen (une grande sœur) et Chloë (deux petits frères) ne se sont pas prononcées. Elles étaient bien trop occupées à reluquer le garçon de la caisse numéro trois. Salma (une grande sœur, deux petites sœurs jumelles et une nièce qui vit pratiquement chez elle) rêve de vivre dans une maison où on peut poser des choses quelque part et les retrouver dix minutes plus tard. Je suppose qu'elle faisait allusion à la fois où Rosa, Julia et Laurel ont renversé le contenu de sa trousse de maquillage dans la cuvette des toilettes. À moins qu'elle n'ait plutôt pensé au jour où elles ont glissé, une par une, ses serviettes périodiques dans le magnétoscope.

Et moi ?

Je ne peux pas imaginer la vie sans Tor fredonnant le générique de son émission animalière préférée. Les repas seraient mornes s'il ne construisait pas l'Empire State Building en petits pois. Et Rowan. On ne s'ennuie jamais quand on vit avec une fille qui change de coiffure cinq fois par jour et qui est pathologiquement accro aux paillettes*. Linn peut être marrante aussi… même si c'est au rythme de cinq minutes par mois.

Je sais, Maman, que tu es fille unique, et ces deux dernières semaines, j'ai souvent regretté que Papa ne le soit pas. Ce n'est pas très sympa de dire ça, mais tu comprendras en lisant mon histoire. J'étais contente (pour une fois) que tu ne sois pas dans les parages quand…

Non, je ne veux pas gâcher le suspense. Tourne la page et tout deviendra (terriblement) clair…

Je t'aime fort,

Ally

(ton enfant de l'amour n° 3)

* En revanche, je me passerais aisément de la cuisine de Rowan. Hier, elle nous a préparé un chili au chou-fleur et au fromage ! Pas mal, non ?

1

Bonjour, hola, hello !

– Qu'est-ce que vous en pensez ?

Tor et moi avons penché la tête pour observer le travail de Rowan. Elle avait accroché un poster sur le mur de la cuisine – à côté du tableau de liège couvert de photos, de cartes et de petits mots. Il était encadré de mini-bananes en plastique reliées entre elles par du fil de fer.

– C'est chouette ! ai-je répondu.

– Et si je fais… ça ?

Le sourire jusqu'aux oreilles, elle a appuyé sur un interrupteur et les bananes se sont allumées. (Oh, une guirlande lumineuse déguisée…)

– C'est de là que viennent les bananes ? a demandé Tor après s'être joint à mes applaudissements spontanés.

Rowan a regardé le poster qui représentait des maisons à toits rouges devant une mer bleue.

– De Croatie ? Non, je ne crois pas. Pourquoi ?

Rowan ne voyait pas où voulait en venir notre petit frère. Pour elle, c'était juste la photo d'un port et les bananes lumineuses le faisaient ressortir.

– Je parie que tu ne sais même pas où est la Croatie, ai-je souri.

– Si ! C'est le premier passage vers l'Europe de l'Est !

– Ro ! Tu viens de le lire sur le poster !

– C'est pas vrai !

– Si, c'est vrai ! C'est écrit sous le mot Croatie, derrière les bananes !

Rowan a haussé les épaules.

– J'avais même pas remarqué. Alors, c'est où, la Croatie, puisque tu sais tout, Pally Ally ?

C'était pas très malin de la part de Rowan de défier sur une question de géographie une fille qui a une carte du monde sur le mur de sa chambre. Et Rowan semblait avoir oublié que Maman nous a envoyé une carte de Croatie, il n'y a pas si longtemps. Je me rappelle parce que j'avais mis une épingle rouge sur une ville du nom de Zadar (c'est le nom qui était marqué sur le tampon de la poste).

– C'est entre la Slovénie et la Serbie.

Rowan semblait perdue. Qu'est-ce qu'elle fabriquait, en cours de géo ? On parlait sans cesse de la guerre en Yougoslavie ! Elle rêvassait, probablement.

J'ai tenté une autre explication :

– Tu prends le nord de l'Italie et tu tournes à droite. La Croatie, c'est là, en gros.

– Ah ! a acquiescé Rowan qui ne m'écoutait déjà plus. Qui veut gonfler l'âne ?

– Moi ! a hurlé Tor en se précipitant dans l'entrée (décorée de faux tournesols, de serpentins accrochés au plafond, de guirlandes de fleurs en plastique enroulées autour de la rampe d'escalier et d'une vieille serviette de plage fixée à la place habituelle du paillasson).

Rowan est peut-être nulle en géographie et en histoire contemporaine, mais c'est la meilleure pour consoler les gens (moi en l'occurrence). Je ne suis pas du genre envieuse, mais je m'étais sentie plutôt triste, la veille. Billy, Jen, Chloë et Kyra avaient tous la chance de partir en vacances à l'étranger. Même Sandie, Kellie et Salma partaient dans leur famille. Pas loin, peut-être, mais en tout cas, elles ne restaient pas ici ! Et moi, c'est ici que j'allais passer l'été, en compagnie de ma famille fauchée.

Je ne m'étais pas plainte auprès de Papa. Je sais qu'il travaille dur et que ce n'est pas sa faute si son magasin de vélos d'occasion ne lui rapporte pas des millions. Et ne lui permet pas non plus de fermer quelques jours pour nous emmener camper. (Bon, il allait quand même fermer quelques jours, mais pour aller à une grande foire au vélo, je ne sais plus où. C'était plus du travail que du loisir.)

Bref, j'ai raconté mes malheurs à Rowan. Immédiatement, elle a raclé les fonds de tiroirs pour trouver un peu d'argent, et elle a acheté de quoi transformer la maison en un lieu féerique. Ce matin, au lieu d'aller comme d'habitude à l'animalerie, Tor et moi l'avions aidée à ratisser toutes les boutiques de gadgets du quartier et nous étions revenus avec des tas d'objets que nous avions passé deux siècles à installer.

Le mieux, c'était les posters que Rowan avait réussi à obtenir gratuitement du type de l'agence de voyages. Nous en avions punaisé dans chaque pièce de la maison pour lui donner un thème. Le salon, c'était l'Espagne (sur le poster, il y avait un soleil de la même couleur que les murs) ; la chambre de Tor, c'était l'Australie (à cause de son koala en peluche) ; la salle de bains était le Danube (l'eau du beau Danube bleu !) ; la chambre de Papa, les Seychelles (il avait bien mérité d'être gâté) ; celle de Rowan, le Népal (même si elle n'a aucune idée d'où ça se trouve) ; la mienne, c'était Hawaii (ciel bleu pastel) et celle de Linn, c'était l'Islande, pour des raisons évidentes. (Ça n'allait pas forcément lui plaire.)

– Tu veux bien m'aider à accrocher ce panneau, Ally ?

Rowan a pris clous et marteau sur la table couverte d'une toile cirée multicolore (2,99 £) décorée de surfeurs, de parasols à rayures et d'ananas.

– Bien sûr.

J'ai attrapé une chaise pour que Rowan puisse monter dessus et je l'ai suivie dans le couloir. (Mes ligaments endommagés ne me permettaient pas encore de courir ni de faire des galipettes, et encore moins de danser le french cancan.)

Dans le salon, les joues de Tor devenaient écarlates. Il soufflait de toutes ses forces pour gonfler la bouée-âne géante que nous avions achetée le matin chez Ahmed au prix exceptionnel de 1,99 £. Nous allions l'installer à la place du pouf devant la télé. Malheureusement, Rolf aboyait et Winslet grognait : l'âne risquait d'avoir une durée de vie limitée.

– Tiens-moi ça, a dit Rowan en me tendant le marteau et les clous.

Elle a ouvert la porte d'entrée et a grimpé sur la chaise.

– Au fait, tu as eu des nouvelles de ce garçon ?

« Ce garçon ». Elle parlait de Frédéric. Nous avions passé un après-midi ensemble. Un seul. Le dimanche précédent. Mais attention, c'était pas vraiment un rencard[1]. Et puis de toute façon, il ne m'avait même pas rappelée. Ce qui me donnait une autre raison de déprimer…

– Ro ! Tes cheveux sont plus foncés ! me suis-je soudain exclamée, ignorant sa question.

Comme c'est bizarre. Normalement, le soleil éclaircit les cheveux. Même Joanne, la fille chinoise qui est dans ma classe, affirme que l'été ses cheveux noirs deviennent brun foncé. Pourquoi la longue chevelure ondulée de ma sœur, habituellement châtain comme la mienne (comme celle de Tor et Papa…) était-elle aujourd'hui…

1. Voir *Le monde délirant d'Ally*, tome 7 : *Bamboulas, petit chat et grosses catas.*

– Chêne foncé. C'est la couleur marquée sur la boîte. Tu aimes ? m'a souri Ro en accrochant le carillon sur la porte.

Chêne foncé ! Je me suis demandé si ma sœur ne s'était pas teint les cheveux avec du vernis pour parquet. Mais de toute façon, ça ne changeait rien au problème.

– Tu vas te faire tuer par Grand-Mère ! ai-je crié. Tu sais qu'elle déteste tout ce qui est trafiqué !

C'est-à-dire les teintures pour cheveux, les tatouages, les piercings et la chirurgie esthétique. Elle supporte les trucs temporaires comme le maquillage et les vêtements à la mode, du moment qu'elle peut exprimer son désaccord, mais rien de plus.

– Je sais. Mais j'avais trop envie d'avoir les cheveux noirs comme Von.

Von : la meilleure amie de Ro. Fan de teinture, de tatouages et de piercings. Comme Chazza, l'autre meilleur ami de ma sœur. Grand-Mère ne les apprécie pas plus que ça.

– C'est sûr, elle va te tuer, ai-je répété.

– Mais non. Si je le fais petit à petit, elle ne remarquera rien. Cette couleur est juste un ton plus foncé que ma couleur normale.

Oui. Évidemment.

On pourrait aussi dire que c'est bientôt Noël. Alors qu'on est au milieu du mois de juillet.

Mais inutile de faire la moindre réflexion à Rowan concernant son look.

– C'est de travers, me suis-je contentée de dire en montrant le panneau auquel était accroché le carillon.

– C'est mieux ? a-t-elle demandé en le redressant.

– Magnifique ! s'est exclamée une voix derrière nous.

– Merci Stanley, a souri Rowan en se tournant vers lui.

Le petit ami de Grand-Mère venait d'ouvrir le portail et faisait signe à Grand-Mère d'entrer la première.

– Tu aimes, Grand-Mère ?

La pauvre. Elle a pincé les lèvres et cherché désespérément une remarque positive. L'objet le plus étrange de son appartement doit être une photo de toute la famille (mais je ne dis pas ça pour Linn, bien sûr), posée sur le rebord de sa fenêtre. Un carillon composé de fourchettes en plastique transparent et un panneau qui se donnait des airs de mosaïque, fabriqué en nouilles peintes et annonçant « *El Paradiso* », avaient de quoi la laisser sans voix. Et elle n'avait pas encore vu l'intérieur.

Elle a froncé les sourcils et, au lieu de répondre, elle a lancé :

– Tes cheveux sont plus foncés, Rowan, non ?

– Non, a menti Rowan. Ils ont juste besoin d'un shampoing.

– C'est ton cerveau qui a besoin d'un shampoing ! s'est exclamée Linn qui rentrait de son travail.

Même après une dure journée à vendre des vêtements, elle a le verbe acide. Étonnant, non ?

– Qu'est-ce que tu fais à notre maison ?

J'ai répondu gaiement avant que Rowan ait eu le temps d'ouvrir la bouche et de balancer des gentillesses à Linn.

– On la transforme en paradis ! « El Paradiso » ! Tu étais là quand Rowan a demandé la permission à Papa, hier soir. Tu te rappelles, Linn ?

– Oui, mais j'ignorais qu'elle en était au stade de l'œuvre expérimentale !

Hmm. Linn non plus n'avait pas encore vu l'intérieur. Apparemment, on était trois contre deux en faveur du « Paradiso ». (Stanley ne comptait pas vraiment puisque, techniquement parlant, il ne faisait pas partie de la famille.)

– Papa ! s'est écrié Tor dont les radars sont toujours en action.

Il a bondi hors de la maison et couru sur le trottoir pour accueillir Papa qu'aucun d'entre nous n'avait vu approcher.

– Coucou, s'est contenté de lancer Papa.

– Ça va ?

Il voulait peut-être que nous déménagions d'urgence avant que les voisins n'appellent la police.

Il n'a pas répondu. Pas un mot. Il avait le regard hébété de quelqu'un qui s'aperçoit qu'il avait un billet de vingt livres dans le jean qu'il vient de mettre à laver. Ou de quelqu'un qui a vu un fantôme.

– Martin ?! a lancé Grand-Mère avec le ton qu'elle emploie pour nous demander de faire nos devoirs.

– Humm, heu… désolé.

Papa a secoué la tête comme s'il sortait d'un coma.

– C'est juste que je viens de recevoir un coup de fil très étrange et…

Soudain, j'ai senti la panique me nouer l'estomac.

– Étrange ? Comment ça, étrange ?

– Eh bien… pas exactement étrange… disons plutôt inattendu, s'est aussitôt rattrapé Papa, en remarquant mon inquiétude.

Inattendu…

Je suis peut-être pessimiste mais je n'aime pas tellement ce mot-là…

2

Des visiteurs (pas si) mystérieux

– On se croirait chez les fous !

Je suis presque sûre que Sandie n'a pas voulu être vexante. Elle adore ma famille et son côté excentrique.

– Ouaouh ! s'est-elle exclamée en se laissant tomber sur un fauteuil près du canapé pour admirer l'énorme soleil jaune transparent qui occupait presque toute la fenêtre du salon.

– C'est chouette, hein ? ai-je souri. C'est Rowan qui l'a fait avec du plastique pour couvrir les livres.

Les rayons du vrai soleil qui passaient à travers le faux rendaient la pièce encore plus jaune que d'habitude. On avait l'impression d'être sous les tropiques.

– On dirait qu'on a la jaunisse, avait marmonné Grand-Mère dix minutes plus tôt.

– J'aimerais bien pouvoir faire ce genre de trucs chez moi, a soupiré Sandie en enlevant ses chaussures du bout du pied. Papa et Maman seraient furieux si je collais un soleil géant sur la fenêtre du salon.

C'est sûr. M. et Mme Walker ont la maison la plus banale et la plus classique du monde entier. Sauf la chambre de Sandie, depuis que nous avons peint sur les murs d'immenses marguerites, un jour où ses parents n'étaient pas là. Ils ont failli la faire adopter quand ils ont vu ça[1].

Peut-être que c'est pour ça qu'ils étaient contents que Sandie vienne passer une semaine à la maison. Ils allaient en profiter pour tout préparer avant l'arrivée du bébé. Ils devaient avoir peur qu'elle persuade les décorateurs de coller le papier peint à l'envers ou de découper des ouvertures dans toutes les portes.

En tout cas, Sandie venait de déposer un grand sac de voyage dans l'entrée. Ce qui allait très bien avec le thème de la maison.

– Ally ! Sandie ! Le dîner est presque prêt, a appelé Papa de la cuisine. Venez, toutes les deux. Je voudrais avoir une petite conversation avec tout le monde.

– Oh-oh ! Ça doit être à propos des visiteurs ! C'est génial !

– Hmm, ai-je acquiescé, moins enthousiaste que Sandie.

J'ai enjambé la bouée-âne et Rolf qui, étalé de tout son long, ressemblait à un tapis en peau d'ours.

1. Voir *Le monde délirant d'Ally*, tome 4 : *Copain, faux copain et secrets très secrets.*

À vrai dire, je ne savais pas trop quoi penser des visiteurs. J'avais scruté le visage de Papa à la recherche d'indices quand il nous avait parlé du coup de fil de son frère (perdu de vue depuis des années). Il m'avait plus semblé sous le choc que tout joyeux. Ce n'était pas très encourageant.

– À quoi ils ressemblent, ton oncle et ta tante ? a demandé Sandie en me suivant.

– Je me rappelle pas, ai-je avoué.

J'avais quatre ans quand oncle Jo et sa femme sont partis au Canada. J'ai quelques souvenirs de cette époque – une fois, j'ai vomi sur Papa ; il me faisait faire l'avion au-dessus de sa tête. Une autre fois, Rowan a hurlé parce qu'elle s'était fourré une sandale de Barbie dans la narine – mais je ne me rappelais pas du tout oncle Jo et tante Pauline. « On ne les voit pas souvent, m'avait un jour expliqué Maman. Ton père et son frère s'entendent comme chien et chat. Il n'y a pas vraiment de problème entre eux, c'est juste qu'ils n'ont rien en commun. »

Ils n'avaient rien en commun, d'accord. Un océan les séparait depuis qu'oncle Jo était parti au Canada. Apparemment, Papa leur avait écrit des tas de fois (le téléphone était un peu cher) mais oncle Jo n'avait jamais daigné répondre. La plupart du temps, ils échangeaient quand même une carte de vœux. Papa envoyait toujours un petit mot pour donner des nouvelles et oncle Jo répondait par un message style « meilleurs vœux », accompagné d'une photo récente de ses enfants. Deux jumeaux de neuf ans qui s'appellent (attendez, vous allez rire…) : Carli et Charlie !

L'affreuse vérité est que Linn, Rowan et moi nous disputons tous les ans pour être la première à voir la carte d'oncle Jo : chaque fois, on meurt d'envie de voir ce que sont devenus nos cousins depuis l'année précédente.

Comprenez-moi : habituellement, un bébé, c'est dodu, potelé, mignon, d'accord ? Pas eux. Âgés de quelques mois à peine, ils ressemblaient déjà à d'horribles farfadets grincheux. Et le temps n'a rien arrangé, au contraire…

C'est pas sympa de ma part de dire ça, je sais. Peut-être qu'ils faisaient la tête simplement parce qu'ils détestaient être pris en photo. Ils étaient peut-être gentils, en vrai.

Je le saurais bientôt. Dans environ dix-huit heures.

– Je trouve très étonnant qu'ils aient parcouru la moitié du chemin avant de nous prévenir de leur arrivée, disait Grand-Mère à Papa quand nous sommes entrées dans la cuisine.

Bien que ce soit Rowan qui ait préparé le dîner (une espèce de salade composée à peine comestible à base de spaghettis froids – beurk), les assiettes en carton de toutes les couleurs, les couverts et les verres en plastique rose transparent et les petites ombrelles en papier jaune faisaient de la cuisine un lieu agréable. Papa était assis à un bout de la table, entouré de Linn et Rowan. Puis venaient

Grand-Mère et Stanley – qui devient un invité de plus en plus régulier de cette maison. J'en suis d'ailleurs ravie, il est très sympa. C'est vrai, il a des poils blancs qui lui sortent des oreilles mais il n'y peut pas grand-chose. (Je me demande pourquoi les coiffeurs ne s'occupent pas des nez et des oreilles. Ils pourraient faire des promos : « Ici, pour un shampoing et une coupe, on vous taille les poils des oreilles gratuitement ! »)

Tout d'abord, je n'ai pas vu Tor ; puis j'ai fini par remarquer le haut de ses cheveux. Il était assis sur un vieux transat à rayures probablement rapporté du jardin. Une solution originale au problème de manque de sièges.

Rolf (s'il se réveillait un jour) et Winslet allaient adorer ça. C'était une hauteur parfaite pour leur glisser des trucs à manger pendant le repas sans que Grand-Mère le remarque.

– Irène…

Ça me fait toujours drôle d'entendre Papa appeler Grand-Mère par son prénom.

– … Quand mon frère a une idée en tête, c'est inutile d'essayer de le dissuader, a expliqué Papa en se penchant pour se servir. Il a sans doute pensé que ce serait un moyen de nous surprendre…

– Il n'a pas pensé une minute à ce qui se passerait si tu ne pouvais pas le recevoir ? a continué Grand-Mère, les sourcils froncés. C'est le cas d'ailleurs. Tu pars mercredi prochain, non ? Tu dois te rendre à cette foire au vélo…

Il était prévu que Grand-Mère (et son chaton Mushu) vienne à la maison du mercredi au samedi. Pour s'assurer que nous mangions comme il faut et que Rolf et Winslet ne profitaient pas de l'absence de Papa pour organiser des fêtes monstres avec les chiens du quartier.

– Je vais annuler ce projet, a soupiré Papa, fataliste. Je ne peux décemment pas partir alors que c'est la seule occasion de voir mon frère qui se présente depuis des années. Et il y a autre chose : je vais avoir besoin de votre aide, les deux prochaines semaines, les enfants…

Les yeux de Papa ont fait le tour de la table en s'arrêtant sur Linn, Rowan, Tor et moi.

– C'est-à-dire ? a demandé Linn.

– Je ne peux pas me permettre de fermer le magasin pendant deux semaines d'affilée, a répondu Papa. Je pensais faire appel à Rory, c'est lui qui devait garder la boutique pendant la foire. S'il n'est pas trop occupé, je lui demanderais bien de me remplacer pendant deux jours cette semaine et deux jours la semaine prochaine.

– Tu veux dire qu'on devra s'occuper d'oncle Jo, de tante Pauline et de nos cousins pendant toute la fin des vacances ? s'est écriée Rowan, qui prévoyait sans doute déjà un calendrier plein de travaux manuels pour les jumeaux.

Papa a secoué la tête.

– Non. Pas tout le temps. Je suis sûr que Jo et sa famille ont prévu un tas de choses à faire et à visiter dans la région… Mais les jours où je devrai aller travailler, si ça ne vous ennuie pas trop de vous charger de Charlie et Carli, ce serait chouette. Et s'ils ressemblent un tant soit peu à leur père, vous risquez de bien rigoler…

– C'est bien oncle Jo qui avait mis ton nom dans une petite annonce à la rubrique sentimentale sans te prévenir ? a demandé Linn en enlevant l'ombrelle de son verre pour boire son jus d'orange sans risquer de s'éborgner.

Ah, c'est vrai ! J'avais oublié cette histoire. Papa avait seize ans et il s'est mis à recevoir des tonnes de lettres de femmes désespérées désirant « partager son luxueux appartement de célibataire » et l'aider « à polir sa magnifique Porsche rouge ». Grâce à la blague « hilarante » d'Oncle Jo, toutes ces femmes, aisément impressionnables et toujours célibataires à trente ans et plus, croyaient écrire à un homme richissime et non à un adolescent qui vivait dans une HLM avec sa mère et son grand frère et qui possédait une vieille bicyclette rafistolée pour tout moyen de locomotion.

Papa a levé les yeux au ciel.

– Oui, c'est lui.

– Il n'a pas été viré de son école pour avoir enfermé sa prof de musique dans un placard où elle cherchait des maracas ? ai-je demandé à mon tour, me rappelant une autre anecdote.

– Oui, a soupiré Papa. Et il a enlevé la cassette qu'elle était en train de passer pour mettre « God Save The Queen » des Sex Pistols à la place.

Ce souvenir le faisait sourire, mais je crois que c'est parce qu'il aime bien la musique punk. Et parce que les blagues d'oncle Jo doivent être plus drôles à raconter qu'à vivre sur le moment.

– C'est bien lui qui a récité un poème obscène le jour de votre mariage avec Mélanie ? a poursuivi Grand-Mère.

– Oui, a reconnu Papa. Je suis désolé qu'il se soit montré sous son plus mauvais jour, la seule fois où vous l'avez rencontré.

– C'était quoi le poème ? ai-je lancé sans réfléchir.

– Aucune importance, Ally ! a répondu Grand-Mère sur un ton réprobateur. J'espère seulement qu'il a un peu grandi depuis la dernière fois.

Inutile de vous préciser que les blagues de mauvais goût sont, sur la liste de ce que déteste Grand-Mère, au même niveau que manger la bouche ouverte et porter un string.

– Maintenant qu'il a des enfants, il est peut-être plus sensé, a supposé Papa. Mais je ne parierais pas là-dessus. Il portait quand même une cravate à ressort à son propre mariage.

Le prêtre n'avait pas très bien pris la plaisanterie et avait fait remarquer à oncle Jo que c'était une cérémonie sérieuse. Il avait exigé qu'il enlève sa cravate.

– Eh bien, ça promet, a marmonné Linn. Dans quel hôtel iront-ils ?

– C'est de ça que je voulais vous parler…

Papa n'avait pas l'air super à l'aise. Il se passait la main dans les cheveux et il n'a pas tardé à ressembler à un porc-épic. Ce tic ne présageait rien de bon.

– Quoi ? a demandé Rowan.

– Ils vont habiter ici.

Papa ne nous regardait pas. Il fixait obstinément la table.

– Ici ! a aboyé Linn. Où ici ? Il n'y a déjà pas assez de place pour nous ! Pourquoi ils ne vont pas à l'hôtel comme tout le monde ?

Je sais ce que Linn ressentait. Elle avait aussi hâte que nous de rencontrer cette partie de la famille, mais elle estimait que la maison était déjà un taudis et que ce n'était pas la peine d'en rajouter en invitant un couple avec enfants à se caser entre nous et notre ménagerie.

– Ils avaient pris un hôtel, a expliqué Papa, mais j'ai pensé que de cette façon, nous aurions plus d'occasions de parler et de faire connaissance. Et puis le seul endroit qu'ils avaient trouvé à cette époque de l'année était cet affreux boui-boui du quartier Victoria où ils vous font payer une fortune pour une chambre de la taille de notre abri de jardin.

Papa a haussé les épaules.

– Je ne pouvais quand même pas les laisser aller là. Alors je les ai invités.

– En parlant d'abri de jardin, j'espère qu'ils sont conscients que c'est là qu'ils vont devoir dormir, a lancé Linn.

Elle adore Papa, mais parfois sa gentillesse la désespère.

– Ouais, ça va leur faire une super-cabane de vacances ! s'est exclamé Tor, enthousiaste.

– Non, Tor. On ne peut pas les laisser dormir dans l'abri de jardin ! Nous devons discuter tous ensemble et trouver une solution.

– Nous pourrions ranger le débarras du grenier pour les jumeaux. On le rendrait agréable en mettant un tissu sur les cartons, en installant une petite lampe et peut-être une guirlande, a proposé Rowan, déjà excitée à l'idée de se mettre au travail. Charlie et Carli doivent être assez petits pour ne pas se cogner contre les poutres…

– Petits comme des farfadets, a marmonné Tor pour lui-même.

J'ai penché la tête pour voir ce qu'il faisait. Il était assis en tailleur sur le transat et attrapait ses nouilles avec la pointe de son ombrelle chinoise. Winslet était assise à côté de lui, oreilles dressées, prête à attraper la moindre nouille qui aurait eu le malheur de tomber.

Linn a assassiné Rowan du regard.

– Et tu as prévu quoi pour oncle Jo et tante Pauline ? a-t-elle demandé d'une voix acide. Le placard à balais ?

C'est vrai que parfois, les suggestions farfelues de Rowan peuvent faire penser qu'elle a une cervelle d'oiseau. Et Linn est toujours la première à le lui faire remarquer.

Mais de toute façon, cette histoire était un vrai casse-tête : comment faire tenir trois adultes, trois sœurs, deux cousins, un petit frère et une Sandie dans notre maison remplie d'animaux de toutes sortes ?

– Personne ne dormira dans un placard, un abri de jardin ou une cabane dans les arbres, a déclaré Grand-Mère.

Stanley a vigoureusement approuvé de la tête.

– Il doit y avoir une solution. Et vous, les enfants, n'oubliez pas que votre père n'a pas vu son frère depuis longtemps. Il est important pour lui que vous soyez polis, agréables et accueillants avec les invités.

Sandie s'est agitée à côté de moi. Elle mourait probablement d'envie de lever la main et de jurer à Grand-Mère qu'elle ferait de son mieux. Elle n'en revenait pas : deux jours plus tôt, elle était censée rester chez elle à regarder la peinture sécher sur les murs, et voilà qu'elle se retrouvait au milieu d'une véritable saga familiale.

– Merci Irène, est intervenu Papa, manifestement soulagé.

Grand-Mère est un excellent arbitre. Et même si elle n'avait pas beaucoup apprécié oncle Jo lors de leur première rencontre, elle lui accordait le bénéfice du doute et veillerait à ce que nous en fassions autant.

– Bon, alors voyons, a-t-elle repris, prête à appliquer sa logique implacable à notre problème de logement. D'abord, les jumeaux peuvent partager la chambre de Tor et… ROWAN !

Ro venait de se pencher pour attraper le plat de nouilles froides.

– Excuse-moi, Grand-Mère, a-t-elle commencé, je voulais juste me resservir…

Mais il ne s'agissait pas de ça, ni d'impolitesse, ni de nouilles… La manche du T-shirt rose de Rowan s'était relevée et avait laissé apparaître une guirlande de roses en forme de cœur tatouée sur son bras.

– Oh, ça ! a lâché Rowan comme si elle remarquait le tatouage pour la première fois. Ne t'inquiète pas, c'est un faux. Il va partir sous la douche.

– J'espère bien, jeune fille ! a lancé Grand-Mère en toisant Rowan par-dessus ses lunettes.

– Grand-Mère, s'est défendue Ro. C'est la mode, c'est tout. Tu sais que je ne me ferais jamais faire un vrai tatouage.

Nous allions pouvoir débusquer dès le lendemain toutes les ressemblances entre Papa et son frère, mais pour le moment, je remarquais pour la première fois un point commun entre ma sœur et moi : elle avait un tic qui faisait tressauter un coin de sa bouche. Serait-elle en train de raconter des craques ?

Elle se teignait les cheveux en secret, elle mentait effrontément… Qu'est-ce que Rowan mijotait ?

3

Petit creux et souvenirs

Pas facile de descendre discrètement l'escalier avec trois chats curieux et un chien enrhumé sur les talons. Ils ne me suivent pas par amour mais dans l'espoir de récupérer quelques miettes.

– Retournez vous coucher, leur ai-je vainement murmuré alors que nous passions devant la chambre de Papa, au premier étage.

Un mot (bon, d'accord, trois) ne suffit de toute façon pas à faire changer d'avis ces animaux têtus. Ils ont continué à trottiner derrière moi comme si j'étais Hans le joueur de flûte et eux des rats.

Ce petit en-cas de minuit avait pour but de rendre agréable la seule nuit que Sandie allait passer à la maison (du moins si je trouvais quelque chose qui ne ressemblait pas à de la salade de spaghettis froids). Eh oui, le séjour de Sandie s'était pas mal réduit au cours du dîner.

– Tu pourras quand même venir autant que tu voudras pendant que mes cousins seront là, avais-je lancé en essayant de paraître enthousiaste, quand Sandie et moi étions retournées dans ma chambre. Tu nous aideras à les occuper.

– Oh merci !

Les yeux bleus de Sandie s'étaient éclairés.

– Tu sais que tu peux rester, si tu en as envie. Tu as entendu ce que Papa a dit pendant le dîner : on arrivera toujours à se débrouiller.

La culpabilité m'envahissait.

Et c'est vrai que Papa avait dit ça. Il ne voulait pas mettre Sandie à la porte. Mais Grand-Mère avait visiblement peiné pour résoudre cette quadrature du cercle. Quand Sandie avait spontanément proposé de rentrer chez elle (au milieu des travaux et des discussions de ses parents sur quelle teinte de beige ils allaient utiliser), Grand-Mère avait pratiquement poussé un soupir de soulagement.

– Il n'y a pas de problème, m'a répondu Sandie en clignant ses yeux maquillés de mascara mauve. (Un échantillon trouvé dans un magazine. J'aurais préféré bleu, assorti à ses yeux et à son – je vous jure que c'est vrai – pyjama La Petite Sirène).

Dix sur dix à Sandie pour être si généreuse (et zéro à sa mère pour lui avoir acheté un pyjama aussi naze). Mais seulement un sur dix pour moi : je ne pouvais pas m'empêcher d'en vouloir à Sandie (pas beaucoup) parce que, du coup, j'avais été désignée pour accueillir Carli dans ma chambre.

– C'est toi qui es la plus proche d'elle en âge, avait fait remarquer Grand-Mère.

Linn et Ro avaient poussé un discret soupir de soulagement.

Dormir avec une cousine inconnue pour UNE nuit pourrait être intéressant, mais pour deux longues semaines… ! C'était terrifiant ! Peut-être que Carli était la fille la plus gentille du monde et, si ça se trouve, je pleurerais le jour de son départ en regrettant qu'elle ne reste pas plus longtemps. Mais en repensant à sa tête de farfadet, je craignais de passer les quinze jours les plus longs de ma vie.

– Il ne manquait plus que toi, ai-je murmuré en bas de l'escalier.

Winslet sortait du salon et venait nous rejoindre en trottinant.

À ce moment-là, j'ai remarqué que la lumière du salon était allumée. Papa avait dû une fois de plus s'endormir devant la télé. Je me demande pourquoi il prend la peine de la regarder : il est tout content en découvrant un bon film sur le programme et il s'endort toujours avant la fin du premier générique. Il se réveille au milieu de la nuit avec un torticolis parce qu'il était dans une mauvaise position (de travers, avec un chat sur la tête) et se traîne jusqu'à son lit. Parfois, l'un d'entre nous, debout à cause d'une envie de faire pipi, remarque la lumière, entre dans le salon, chasse le chat de sa tête et le secoue doucement.

C'est d'ailleurs ce que j'allais faire…

– Papa ? ai-je murmuré en poussant sans bruit la porte du salon.

Mais ce silence était inutile. Papa était tout à fait réveillé. Il s'est tourné vers moi et m'a lancé un grand sourire.

– Pally Ally !

Les sourires de Papa ; ils vous donnent l'impression que vous êtes justement la personne qu'il avait envie de voir à ce moment précis.

Je me suis approchée de lui (suivie de mon cortège) et je me suis penchée par-dessus son épaule pour voir l'album photo qu'il feuilletait.

– Qu'est-ce que tu fais ?

Ben… il regardait des photos, évidemment.

– Je jette un œil à ces vieilles photos de Jo, a chuchoté Papa en m'en montrant une avec deux petits garçons – un mignon et empoté, l'autre joufflu avec des yeux effrontés.

Ils étaient tous les deux très chic (garçons d'honneur au mariage d'une cousine), mais, alors que mon timide et souriant Papa avait un visage franc et gentil, Jo âgé de douze ans louchait, tirait la langue et faisait les oreilles d'âne à son frère.

– Regarde celle-ci, a repris Papa en tournant la page.

C'était une photo du mariage de mes parents.

Maman avait une longue robe à fleurs, un petit ventre (Linnhe) et un bouquet de marguerites à la main. Papa était vêtu d'un costume d'occasion style années soixante. La photo avait été prise juste après la cérémonie ; on y voyait leur famille et quelques-uns de leurs amis très proches. Elle n'était pas l'œuvre d'un photographe professionnel et, sur le cliché, tout le monde souriait, sauf oncle Jo qui louchait, tirait la langue et faisait les oreilles d'âne au garçon d'honneur.

– Il ne t'a pas glissé un coussin péteur sur ton siège pendant que tu faisais ton discours ? me suis-je rappelé.

– Si, et il a bien failli se prendre une coupe de champagne en pleine figure, a souri Papa.

Vous savez quoi, malgré ce sourire, Papa m'a semblé passablement choqué.

– Papa…

– Ally… a-t-il répondu en imitant mon ton préoccupé.

J'ai passé mes bras autour de ses épaules.

– Est-ce que tu as hâte de revoir oncle Jo ?

Comme s'ils avaient senti mon inquiétude, Rolf a posé sa tête sur les pieds de Papa et un chat qui n'était pas Colin (Fluffy) a sauté sur une chaise pour frotter son museau sur son épaule. Ou peut-être que Fluffy manifestait juste son envie que Papa s'endorme pour pouvoir s'installer sur lui.

– Je crois, oui. À part vous, il est ma seule famille…

C'était vrai. Je n'étais pas riche en grands-parents. Le père de Maman – le mari de Grand-Mère – était mort quelques années plus tôt, mais il était très malade et beaucoup plus vieux que Grand-Mère. Ça avait été triste mais, finalement, pas plus mal pour lui. En tout cas, lui, je me le rappelais. Le père de Papa était mort juste après sa naissance et ma grand-mère Love est décédée quand j'étais petite. Linn, Rowan, Tor et moi, on aurait bien aimé connaître des gens de la famille de notre papa chéri. Oncle Jo…

– Mamie Love a l'air plutôt contente sur cette photo, ai-je remarqué en montrant une femme au sourire timide vêtue d'un tailleur bleu marine.

Même si je n'avais aucun souvenir d'elle, son visage me semblait familier. On retrouvait les yeux bruns et les pommettes hautes de Papa. Et de Rowan, de Tor et… de moi.

– Oui, elle était très contente, a affirmé Papa en me tapotant doucement le dos. Et je sais ce qui la rendrait heureuse aujourd'hui.

– Quoi ?

– Elle aurait voulu qu'oncle Jo et moi nous entendions bien. Nos disputes incessantes quand nous étions petits et le fait que nous ne nous voyions jamais après avoir quitté la maison la décevaient.

Papa est resté pensif pendant une seconde. Je ne savais plus quoi dire. Heureusement, il a repris rapidement :

– Bon, mais dis-moi, Pally Ally, qu'est-ce que tu fais debout à cette heure-ci ?

– Je viens chercher des sandwichs à la Vache qui rit… et des Pépito, s'il en reste.

– Alors va, a ri Papa. Ne fais pas attendre Sandie !

– Tu veux que je t'apporte quelque chose ? lui ai-je demandé en me dirigeant vers la porte.

– Non, je vais aller me coucher dans deux minutes.

Il a refermé l'album photo.

– Je te remercie d'avoir accepté de prendre ta cousine dans ta chambre. Je sais que je peux compter sur toi.

– C'est normal… ai-je marmonné en me sentant rougir de fierté.

– Oh, Ally, je voulais te demander aussi…

– Oui ?

Je me suis arrêtée à la porte. Mon fidèle cortège de chiens et de chats commençait à s'impatienter. Ils avaient hâte qu'on arrive à la cuisine.

– C'est un faux tatouage que ta sœur a sur le bras ?

– Évidemment !

Ma bouche n'a commencé à tressauter que quand je suis arrivée dans la cuisine.

4

Bon, ben… aloha !

J'ai couru vers le téléphone, l'estomac retourné comme une crêpe. Et c'est pas très agréable, j'aime autant vous le dire. Mais cet appel, comme les précédents, n'était pas de Frédéric.

Bouh !

D'ailleurs, j'entendais à peine qui c'était à cause de Linn qui passait l'aspirateur dans l'escalier (pour donner un dernier coup de ménage à la maison avant l'arrivée de nos visiteurs).

J'ai finalement reconnu la voix de Billy.

– Ben alors, Ally, qu'est-ce qui t'arrive ? Je t'ai attendue ce matin. Je suis resté si longtemps au parc qu'un des gardiens est venu me demander si j'allais bien. Il m'a pris pour un adolescent en fugue !

– Billy, les adolescents en fugue ne se baladent pas avec des caniches blancs manucurés et bien peignés, ai-je souri au téléphone tout en me bouchant une oreille pour mieux entendre. Bon, et qu'est-ce qu'il a fait, le gardien ? Il est juste venu te parler ?

– Euh… en fait, il vidait la poubelle à côté de notre banc.

Notre banc. On se retrouvait au même endroit tous les dimanches mais il n'y avait pas de plaque à nos noms. Ce serait une idée : *Banc d'Ally et Billy ! Posez vos fesses ailleurs.* C'est classe, non ?

– Et qu'est-ce qu'il t'a dit ? ai-je demandé.

– Il a dit : « Ça va ? »

– Euh… Billy, peut-être que je me trompe, mais ça ressemble juste à quelqu'un qui vide une poubelle en te demandant si ça va. Et pas à une personne prête à appeler les services sociaux !

– Ouais, a soupiré Billy.

Il était déçu que j'aie dégonflé sa bulle de drame.

– Bon, mais pourquoi t'es pas venue ? a-t-il repris.

– Désolée. Je t'ai appelé mais tu étais déjà parti. Je ne pouvais pas venir parce qu'on avait du ménage à faire. J'ai un oncle, une tante et deux cousins du Canada qui arrivent tout à l'heure.

– Tu ne me l'avais pas dit ! s'est exclamé Billy d'un ton accusateur.

Comme si j'allais inventer un truc pareil pour échapper à un de nos rendez-vous ! N'importe quoi. Alors que, sans Billy pour me faire rire, les dimanches ne sont pas vraiment des dimanches.

– Je ne t'en avais pas parlé parce que je ne le savais pas. On a passé la matinée à faire des lessives. L'enfer !

Tôt ce matin, Grand-Mère avait appelé Papa pour lui rappeler que nous avions quelques machines à mettre en route si on ne voulait pas que nos invités dorment dans des sacs de couchage ou avec la couverture du panier de Winslet. Papa avait immédiatement battu le rappel et pendant qu'il était parti en métro accueillir nos hôtes à l'aéroport, Linn, Rowan, Tor et moi avions bourré la machine à laver, aéré les couvre-lits et les oreillers et réparé les matelas gonflables avec des rustines à vélo.

En réalité, il n'y avait qu'un seul matelas gonflable. C'est Tor qui dormirait dessus et Charlie prendrait son lit. Il restait à espérer qu'il aimait autant les peluches que Tor, parce qu'il allait passer la nuit avec des alligators, des oryctéropes et autres paresseux. Moi, je prendrais le matelas que nous utilisons quand Sandie vient dormir. Carli aurait mon lit. J'espérais qu'elle aussi aimerait la compagnie ; elle devrait partager la place avec une farandole de chats, chiens et petit frère. Oncle Jo et tante Pauline dormiraient dans la chambre de Papa. Et Papa ? Il ronflerait dans la sacro-sainte chambre de Linn.

Eh oui, il avait été décidé la veille que Linn déménagerait chez Grand-Mère pendant le séjour de nos invités. Ça ferait bizarre de ne plus avoir Linn à la maison, mais de toute façon, elle travaillait toute la journée – son travail du samedi était devenu un job d'été. Elle viendrait dîner chaque soir, mais ça allait quand même faire drôle de ne plus entendre ses soupirs agacés le matin ni ses éternelles plaintes sur le pot de confiture collant, les serviettes de toilette trempées, et les traces de dentifrice sur le robinet.

J'étais prête à parier que Linn passerait un bon moment chez Grand-Mère et que notre désordre ne lui manquerait pas une seconde.

– Et ils restent combien de temps, tes cousins du Canada ? a demandé Billy.

– Quinze jours. Tu peux venir si tu veux, je te les présenterai.

– Ah ouais, génial…

J'avais comme l'impression qu'il avait autant envie de rencontrer ma famille que de se coller les narines à la Super Glue.

– Qu'est-ce que tu as contre eux ? ai-je lancé, sur la défensive.

Alors que j'ignorais si je les apprécierais ou non.

– Rien. Mais bon, j'ai des oncles et des tantes à moi et ils sont assez ennuyeux comme ça pour que je ne vienne pas en plus m'enquiquiner avec les tiens !

Tout le monde n'était pas de l'avis de Billy, apparemment. Deux de mes meilleures amies venaient d'entrer dans la cuisine dans l'espoir de voir de leurs yeux les autres Love.

– Faut que j'y aille, Sandie et Kyra sont là. Je te rappelle, d'accord ?

– Ouais, dans deux semaines, quand ils seront partis.

J'ai dit au revoir presque en hurlant pour couvrir le bruit de l'aspirateur qui s'était rapproché et j'ai raccroché.

– Bon, plie-le… Non, pas comme ça ! ai-je entendu Sandie demander à Kyra.

Bravo les filles, elles étaient en train d'essayer de donner un coup de main. (Sûrement une idée de Sandie, ça.) Mais au lieu de plier le linge, on aurait dit qu'elles tentaient un origami géant avec la housse de couette.

J'ai pris la place de Kyra. Elle a beaucoup de qualités, mais elle n'est pas très ménage.

– C'était ton oncle au téléphone ? m'a demandé Sandie, les yeux comme des soucoupes. Ils sont retenus quelque part ?

Son immense sac, déjà refermé, était posé près de la table. Son père n'avait plus qu'à venir la chercher. (Je la soupçonnais d'avoir dit à ses parents de ne pas passer trop tôt pour qu'elle ait le temps de faire connaissance avec ma famille.)

– Non, c'était Billy.

– Ah oui ? Comment va-t-il ? a demandé Kyra en s'appuyant sur la nappe imprimée d'ananas. Il lui manque toujours quelques neurones ?

– Je ne savais même pas qu'il en avait, ai-je ri pendant que Sandie et moi entamions notre petite danse du linge (on plie, on s'approche l'une de l'autre, on se sépare, on plie encore… C'est un truc comme ça que Papa doit apprendre à son cours de danse western).

Kyra n'avait fait le déplacement jusqu'ici que pour nous rappeler qu'elle partait le lendemain en vacances avec ses parents.

– Alors tu pars ! s'est exclamée Sandie en posant notre drap bien plié sur la table de la cuisine, au beau milieu d'une goutte de confiture.

Colin ne s'est pas fait prier et a sauté sur le linge encore chaud qu'on venait de sortir du sèche-linge.

– Merci Sandie. Mais dis-moi, Kyra, tu ne devrais pas être chez toi à faire tes bagages ?

Je la taquinais. Je savais qu'elle était beaucoup trop curieuse pour rater les cousins du Canada. Et puis ça m'évitait d'avoir à entendre pour la énième fois qu'elle allait rencontrer des tas de beaux surfeurs espagnols sur cette plage de la Costa del Sol. Elle avait évidemment oublié qu'une semaine plus tôt, elle se plaignait d'avoir treize ans et d'être obligée de partir en vacances avec ses parents dans un endroit où son portable ne captait même pas.

– Pff, tu penses, je vais mettre deux ou trois bikinis dans un sac, a répondu Kyra en haussant les épaules.

Oui, bien sûr. J'étais prête à parier que ses parents devraient payer une taxe de surpoids à l'aéroport rien que pour sa garde-robe.

– Ils sont làààààà !

Tor, notre sirène d'alarme, avait parfaitement rempli sa mission. Il surveillait de la barrière du jardin (aidé de ses fidèles compagnons : Rolf et Winslet) depuis vingt minutes et devait nous prévenir (hurler) dès qu'il apercevrait une voiture de location pleine d'inconnus accompagnés de Papa.

Je n'ai pas eu besoin d'inviter mes amies à me suivre, elles m'ont doublée, manquant de foncer dans Linn qui se hâtait de ranger l'aspirateur réticent dans le placard sous l'escalier.

– Mais c'est pas vrai, il est vivant, ce truc, ou quoi ? a-t-elle ronchonné en repoussant le tuyau qui l'empêchait de fermer la porte.

– Dépêchez-vous ! nous a appelés Rowan du jardin.

Rowan… Waouh, elle s'était vraiment surpassée. Dans le soleil, elle ressemblait à un croisement entre une vitrine de Noël et Minnie Mouse : elle s'était fait deux couettes très hautes, maintenues par des dizaines de rubans de toutes les couleurs qui tombaient sur ses épaules nues.

– C'est nouveau ? ai-je demandé en avisant son gilet multicolore.

– Je l'ai teint ce matin entre deux aérations d'oreillers.

J'espérais pour ma sœur que son gilet était parfaitement sec quand elle l'avait enfilé. Je sais qu'elle voulait faire bonne impression, mais une peau verte et rose risquait d'inquiéter nos invités. Je ne savais d'ailleurs pas ce qu'ils allaient penser du tatouage léopard qu'elle avait sur l'épaule, mais au moins, ça voulait dire que la guirlande de roses était fausse. À moins, bien sûr, que le véritable tatouage ne soit celui-ci…

– Wah… ce qu'elle ressemble à ton père ! s'est exclamée Sandie en voyant une femme anguleuse descendre de la voiture et nous faire signe.

– Ils ne sont pas de la même famille, a marmonné Linn, un grand sourire de bienvenue plaqué sur le visage, c'est oncle Jo, le frère de Papa.

– Quoi, ce gros type ! a lancé Kyra avec sa délicatesse coutumière.

Je ne sais pas si c'était la tension, mais les minutes suivantes sont passées à la vitesse de l'éclair ; comme dans ces documentaires sur les plantes où on voit une fleur ouvrir ses pétales en quelques secondes. D'abord, il y a eu le bruit des portières. Puis Papa, tante Pauline et… euh… le gros oncle Jo sont sortis, suivis de deux enfants d'une ressemblance frappante (Carli et Charlie, ai-je supposé. À moins que mes radars détecteurs de farfadets aient été complètement hors d'usage) et de tonnes de bagages.

Ensuite, Papa, tante Pauline, oncle Jo, les cousins et leurs bagages ont tous avancé vers la maison. Linn, Ro, Tor, Sandie, Kyra et moi avons lancé « Bonjour » en chœur, quelques aboiements excités y ont fait écho. Après, il y a eu des embrassades et des coups de langue (cette dernière courtoisie étant due à Rolf).

Puis le temps a repris son allure habituelle et j'ai pu regarder de plus près cette nouvelle branche de la famille.

Oncle Jo : plus gros et plus chauve que sur les photos que j'avais vues de lui. Mais souriant, ce qui était bon signe. Tante Pauline : plus maigre et plus maquillée que sur les photos, mais elle caressait Rolf affectueusement, ce qui était aussi bon signe. Quant à Charlie et Carli, ils étaient exactement comme sur la dernière photo de Noël. Le mot « farfadet » venait immédiatement à l'esprit.

Nous n'étions pas les seuls à regarder.

– C'est fou, tu es le portrait craché de ta mère, Linnhe, a souri tante Pauline à notre grande sœur.

C'était gentil. Je me suis sentie fondre.

– Et cet enfant ! a continué Tante Pauline en se tournant vers mon charmant petit frère. Pauvre chou. Comment une mère peut-elle abandonner un garçon aussi adorable ?

Hum. C'était largement moins délicat. Peut-être que la fatigue de ce long voyage faisait dire à ma tante des phrases qu'elle n'aurait pas prononcées en temps normal.

– Eh, je savais que toi et Mélanie aviez des tas d'enfants, mais j'ignorais qu'il y en avait autant ! s'est écrié oncle Jo.

– C'est que ces deux jeunes filles sont de très bonnes amies d'Ally, a expliqué Papa. Sandie et Kyra.

– Ah ! a souri oncle Jo. Je comprends maintenant. Je me disais qu'il y en avait une qui n'était pas de la bonne couleur !

Le sourire de Kyra s'est instantanément effacé. Ainsi que le mien, celui de Sandie et de toute ma famille. Le décalage horaire commençait à être une excuse un peu juste pour ce genre de réflexions.

Tout à coup, j'ai senti mon ventre se retourner à nouveau comme une crêpe. Ce n'est pas seulement ce qu'oncle Jo et tante Pauline avaient dit qui m'effrayait, je venais de remarquer que :

1) Carli repoussait Rolf comme s'il avait la rage.

2) Charlie avait posé sur Rowan un regard empli d'horreur et de mépris.

3) Mon oncle ignorait totalement le chat (qui n'était pas Colin) qui se frottait à sa jambe pour l'accueillir.

4) Ma tante affichait son dégoût devant la banderole en plastique avec *Aloha* que Rowan avait artistement disposée sur la pancarte *El Paradiso* devant la porte.

– Comme c'est amusant, a dit tante Pauline sans sourire, en regardant le carillon en fourchettes.

– Les affaires allaient si mal que tu as été obligé d'ouvrir une déchetterie chez toi, Martin ? a ricané lourdement oncle Jo.

– C'est juste que…

Mais avant que Papa ait eu le temps de répondre, nous avons tous entendu un gémissement.

– Qu'est-ce qui ne va pas, mon chéri ? s'est aussitôt inquiétée tante Pauline en s'accroupissant près de Charlie.

– Il déteste Londres, il veut rentrer à la maison, a expliqué Carli d'une voix monocorde.

La situation devenait effrayante. Pendant que son frère jumeau (neuf ans) jouait parfaitement le rôle du gamin caractériel, elle donnait l'image même de la vieille femme aigrie.

– Je peux aller téléphoner à mon père pour lui demander s'il est prêt à venir me chercher ? a murmuré Sandie à mon oreille.

Bon. Si Sandie, la plus gentille fille du monde, avait hâte de fuir, c'était le pire des présages.

– Je peux t'accompagner ? s'est hâtée d'ajouter Kyra.

J'étais à deux doigts de demander à Sandie s'il ne restait pas de la place pour moi et mon estomac noué dans la voiture de son père…

5

Premières (et mauvaises) impressions

– Grrrrrr…

Ce bruit, c'était oncle Jo qui serrait mon père dans ses bras pour la cent cinquantième fois depuis qu'il était arrivé dans la maison.

– Ça fait des siècles qu'on s'est pas vus, hein, p'tit frère ?

Papa a retenu une grimace de douleur sous l'étreinte musclée de mon oncle et a manqué de faire tomber le carton de jus de fruits qu'il vidait dans une carafe au-dessus de l'évier.

– Oui, c'est sûr, a-t-il acquiescé avec enthousiasme. Allez, Jo, assieds-toi et mange un morceau.

– Grrrrrrr…

Ce n'était pas oncle Jo cette fois, c'était Winslet.

J'ai contourné la considérable masse de mon oncle et j'ai rabaissé la porte de la chatière pour empêcher Winslet de passer sa tête et de nous grogner dessus.

Je n'aimais pas la mettre dehors, mais elle avait besoin de se calmer. Elle était fâchée après Charlie qui lui avait accidentellement donné un coup de pied en entrant dans la maison. Étrangement, Rolf aussi se montrait désagréable avec mon cousin, alors qu'il avait laissé tomber plein de chips par terre en s'en versant une montagne dans son assiette.

– Eh, Martin ! s'est exclamé mon oncle en s'asseyant sur une chaise de jardin en plastique blanc. Qu'est-ce que c'est que ces trucs ? T'as un problème avec les vraies chaises ?

– Ha ha ! a ri Papa avec effort en posant le lourd pichet de jus d'orange au milieu de la table.

Les parents : qu'ils soient géniaux ou qu'ils vous rendent cinglés, en général ils assurent un minimum. Sauf que là, il n'y avait aucune chance pour que Papa s'affirme. Il était tellement soulagé quand Grand-Mère est apparue, dix minutes plus tard, que j'ai cru qu'il allait l'embrasser (Grand-Mère en était toute gênée). Le problème était, je crois, que Papa est un peu timide. Habituellement, ça ne se voit pas, mais à côté de son frère, il ressemblait à un gamin qui bafouille devant un prof sévère.

Peu importe. Grand-Mère, comme toujours, a pris les choses en main. (Dès qu'elle a été sûre d'avoir échappé au baiser imprévu de Papa.) Elle a joyeusement salué les invités et a posé sur la table le déjeuner que Linn, Rowan et moi avions été trop occupées pour préparer. Elle avait même pensé à nous demander, à Rowan et à moi, d'aller emprunter deux chaises de jardin à nos voisins, Michael et Harry, pour éviter une crise de sièges.

– Dites-leur que c'est pour le jardin, avait-elle recommandé. Sinon, ils vous prêteront deux de leurs très belles chaises de salon et je ne veux surtout pas.

Non pas que Grand-Mère ait quoi que ce soit contre les beaux meubles. Au contraire, je suis sûre qu'elle adorerait voir les mêmes dans notre cuisine au lieu de nos sièges branlants et dépareillés. Mais elle devait craindre pour nos futures relations avec nos voisins si nous leur rendions des chaises griffées par les chats, mâchouillées par les chiens, couvertes de traces de doigts collants et avec un pied en moins après une collision avec l'ambulance à peluches de Tor (le bac à légumes).

– C'est très… hum… bohème, a proclamé tante Pauline, en tapotant nerveusement la nappe en toile cirée et en regardant le poster de Croatie. Attendez de voir notre maison. J'ai apporté des photos, elle est magnifique ! Elle est grande et non mitoyenne, bien sûr. Et tout l'intérieur est très moderne. Elle est tout près d'un des meilleurs clubs de sport du Canada, avec courts de tennis et parcours de golf. L'école des enfants est à deux minutes et c'est une des plus réputées de Toronto…

– C'est pas vrai ! Des feuilletés à la saucisse ! Ça fait des siècles que je n'en ai pas mangé ! a gaiement lancé oncle Jo, interrompant sa femme, en se servant sur le plateau que Grand-Mère venait de poser sur la table. Oh… beurk… je me rappelle pourquoi…

Ce n'était pas comme si Grand-Mère avait cuisiné pendant des heures pour préparer ces feuilletés (c'est le charcutier qui s'en était chargé), mais je crois me rappeler qu'il est impoli de critiquer ce qu'on vous sert quand vous êtes invité. Et il n'avait pas encore goûté les plats de Rowan. Jusqu'où irait sa grossièreté après ça ?

Charlie et Carli, qui avaient été étrangement silencieux depuis qu'ils étaient entrés dans la maison, continuaient à se taire, mais Charlie a craché un morceau de son sandwich. À voir son visage, on aurait pu croire qu'il était aux vers de terre et à la boue et non au thon mayonnaise. Carli est restée impassible.

– Mon chéri ! a roucoulé tante Pauline. Tu ne te sens pas bien ? Ce doit être le décalage horaire.

– Non ! C'est ce truc ! C'est dégoûtant ! Je veux aller au McDo !

Tante Pauline et oncle Jo ont éclaté de rire en regardant ce petit amour tenir son sandwich comme s'il s'agissait d'une bombe prête à exploser.

J'ai jeté un rapide coup d'œil à ma famille, juste pour vérifier qu'ils étaient tous aussi ébahis que moi. Mon frère, mes sœurs et moi ne fréquentions peut-être pas la meilleure école du Canada, mais nous savions nous tenir correctement. Qu'est-ce que Charlie apprenait à l'école ? À être grossier ?

Dévisager les gens aussi, c'est grossier, et c'est exactement ce que faisait Carli. Ses petits yeux noirs étaient fixés sur moi. J'ai tenté un sourire mais, au lieu de me sourire à son tour, elle s'est mise à regarder Tor qui était assis à côté de moi, occupé à construire une tour avec des chips.

– Maman…

– Qu'est-ce qu'il y a, ma chérie ? a répondu tante Pauline qui riait toujours.

– Le petit garçon joue avec sa nourriture.

– Le petit garçon ! a répété tante Pauline en roucoulant. Ce petit garçon est ton cousin et il s'appelle Tor.

– Pourquoi il a un prénom débile ?

Tante Pauline et oncle Jo sont repartis à rire de plus belle. Limite hystérie.

– Ah, les gosses ! a réussi à postillonner oncle Jo entre deux éclats de rire.

– J'étais juste en train de faire la tour CN, a marmonné Tor, en faisant tomber sa sculpture, l'air vexé.

Il nous avait montré, à Linn et à moi, une photo de la tour CN de Toronto ce matin pendant que nous accrochions les taies d'oreillers sur le fil en empêchant Rolf de mâchouiller le linge qui restait dans le panier. Il avait trouvé la photo dans un livre et il nous avait lu que c'était le plus haut bâtiment du monde. Nous avions fait semblant de nous y intéresser. Pauvre Tor. Il avait fait plus d'efforts que nous tous réunis pour s'intéresser à nos visiteurs, qui se moquaient de lui et de son prénom.

Et puis Carli pouvait parler de nom stupide ! Elle avait presque le même que son frère jumeau !

– Tu sais, Carli, a tenté de sourire Papa, ce n'est pas un prénom « débile ». Tor porte le nom d'un lieu historique en Angleterre : Glastonbury Tor, et le mot « Tor » veut dire…

– Veut dire que Mélanie a toujours eu une imagination débridée en ce qui concerne les prénoms de ses enfants, a lancé oncle Jo.

Nous étions a) chargés de nous comporter le mieux possible, b) de toute façon trop abasourdis pour rétorquer quoi que ce soit. Grand-Mère faisait également beaucoup d'efforts, mais aucune chance pour qu'elle ne réponde pas à quelqu'un qui critiquait sa fille et ses petits-enfants si ouvertement.

– C'est vrai, Mélanie et Martin ont réussi à donner des prénoms très originaux à leurs enfants, a-t-elle dit d'une voix un peu sèche.

Traduction : oncle Jo et tante Pauline n'avaient pas été très forts de ce côté-là. (Eh, qu'est-ce qui rime avec Charlie ? Carli ! Ouais, génial !)

– Et quand est-ce qu'elle repointera son nez par ici, Mélanie ? a soudain demandé oncle Jo dans un grand sourire.

C'est le moment précis où j'ai décidé que mon oncle était une espèce de phénomène, un genre de mutant peut-être, pourvu d'un manque de tact hors du commun.

Grand-Mère a frappé dans ses mains :

– Ally, a-t-elle suggéré, ignorant la dernière remarque d'oncle Jo. Tor et toi devriez montrer leurs chambres à Charlie et Carli pour qu'ils s'installent.

Bravo pour la diversion, Grand-Mère.

– Vous venez ? ai-je proposé en souriant à mes cousins renfrognés.

En quittant la cuisine, j'ai entendu deux choses ; une question de Grand-Mère : « Voulez-vous nous montrer ces photos de votre maison ? » et un grognement étouffé provenant de derrière la chatière.

– Là, c'est le palais Alexandra, ai-je expliqué en montrant fièrement la vue que j'avais de la fenêtre de ma chambre. Les gens l'appellent Pally Ally et c'est aussi mon surnom parce que…

– Elle est petite, ta chambre.

J'ai tourné la tête et je me suis aperçue que Carli ne prêtait aucune attention à ce que je lui racontais. Elle observait le plafond bleu de ma petite chambre mansardée, mon immense carte du monde, ma couette imprimée de nuages et mon globe gonflable en souhaitant manifestement être ailleurs. Pour être honnête, moi aussi, j'aurais bien voulu qu'elle soit ailleurs.

– Elle est agréable, ai-je répliqué en insistant sur le mot.

– C'est pas aussi joli que l'autre chambre en face.

– Celle de Linn ?

– Oui. Ton père a dit qu'elle ne serait pas là.

C'était dur à avaler. Carli avait à peine deux ans de plus que Tor ; à la manière dont elle me toisait de ses petits yeux effrontés, on aurait cru qu'elle avait avalé une pilule de supériorité.

– C'est vrai. Linn va dormir chez ma grand-mère.

– Je peux avoir sa chambre, alors.

– Non, ai-je répondu en essayant de ne pas m'énerver, c'est mon père qui va s'y installer pour laisser la sienne à tes parents.

Carli a secoué la tête et levé les yeux au ciel. Je me suis mordu la lèvre et je me suis retournée pour ouvrir un tiroir. (Pas d'inquiétude, ce n'était pas pour enfoncer Carli dedans… quoique j'en avais carrément envie. Je voulais juste le vider et faire de la place pour ses affaires.)

– Alors, qu'est-ce que tu as envie de visiter demain ?

J'essayais de faire la conversation tout en rangeant mes chaussettes dans mon autre tiroir.

– Le musée de cire de Madame Tussaud est génial, surtout…

– AAAAAAAAAAHHHH !!!!!!!!!!!

Carli n'était pas bien grande, mais elle avait du coffre. Ça c'est sûr !

6

Matin maussade

– Ro ! ai-je murmuré.

Les cheveux de ma sœur étaient épars sur son oreiller. Ils semblaient plus foncés que jamais sur le coton blanc. Il y avait une patte arrière jaune sur le drap ; le léopard (autre faux tatouage, ouf !) avait commencé à s'écailler pendant la nuit.

– Quoi ? a bâillé Rowan en ouvrant difficilement les yeux et en s'étirant.

Je me suis écartée pour éviter un coup de poing dans le nez.

– J'ai une proposition à te faire.

Rowan s'est assise en tailleur et a écarquillé les yeux.

– Quoi ? Quelle proposition ?

– Si tu laisses Carli partager ta chambre, je t'offre une nouvelle guirlande électrique.

– Ally, j'adorerais avoir une nouvelle guirlande, mais j'en ai déjà tellement que d'après Papa, je ferais sauter le compteur si j'en ajoutais une.

– Alors, je t'offrirais…

J'avais besoin d'un temps de réflexion : je pensais que le coup de la guirlande marcherait du premier coup.

– Si j'acceptais de partager ma chambre avec Carli, je serais stupide, m'a coupée Rowan. Je ne veux pas qu'elle dorme ici !

– Ro ! me suis-je écriée devant son manque de solidarité.

– Oh, pauvre Ally ! C'est aussi terrible que ça ?

À croire qu'elle lisait dans mes pensées.

Oui, c'était terrible. Terriblement horrible. Je devais passer mon temps avec une fille qui a) était un monstre hurleur et psychotique (qui d'autre pourrait faire une telle scène juste pour avoir vu un chat endormi sur ma couette ?), b) traitait le plus gentil chat du monde de sale matou puant, pour la seule raison qu'il n'avait que trois pattes, c) avait demandé à sa mère d'interdire à tous les animaux d'entrer dans ma chambre pendant la durée de son séjour.

Comme l'a fait remarquer tante Pauline, pas question que « sa petite fille se réveille en pleine nuit traumatisée par des animaux ».

Hum, pardonnez-moi, mais n'y a-t-il pas des grizzlis et des loups au Canada ? Sans doute pas dans les boutiques de vêtements où Carli passe apparemment les trois quarts de son temps. Elle m'en a parlé toute la soirée alors que j'essayais, en vain, de dormir. Et une fois qu'elle a cessé de dresser la liste des manteaux, vestes, robes, jupes, pantalons, etc. que sa mère lui avait achetés et qu'elle s'est enfin assoupie, je n'ai pas réussi à fermer l'œil à cause des chats qui ont gratté à la porte en poussant des « pprrrtt » offusqués.

Oncle Jo et sa famille n'étaient entrés dans notre vie que depuis quelques petites heures, je devais sans doute leur laisser une chance de me montrer leurs bons côtés, mais j'étais épuisée et de mauvaise humeur. Et si on ne peut plus aller se plaindre à sa grande sœur excentrique, où va-t-on ?

– Ro, je ne veux pas passer toute la journée seule avec eux, ai-je marmonné en soulevant la couette de ma sœur pour me glisser dessous.

Par « seule », je voulais dire avec Rowan et Tor, qui avaient également été invités à se balader avec eux en ville. Linn et Papa ne se joindraient pas à nous, sous le prétexte qu'ils travaillaient ! (Bon, ce n'était pas vraiment un prétexte, d'accord !) Et comme Grand-Mère n'était pas vraiment de leur famille, elle s'était sentie autorisée à ne pas nous accompagner. (Quelle veinarde !)

– Ce n'est que pour une journée ! Papa a demandé à quelqu'un de venir le remplacer au magasin dès demain.

Je ne comprenais pas pourquoi Rowan était si positive : la veille au soir, tante Pauline lui avait quand même balancé en souriant : « Ta sœur Linnhe est si jolie. Tu pourrais l'être, toi aussi. » Bonjour le compliment ! Mais au moins, Linn et Rowan étaient encore dans la catégorie de celles à qui on pouvait parler de beauté. Elle n'avait rien dit pour moi. Elle devait penser que je ressemblais à mon père et donc à un garçon.

Argh !

La porte de la chambre de Rowan a grincé en s'ouvrant et Tor est apparu. Il a refermé derrière lui et s'est jeté dans le lit. Rowan a soulevé la couette pour l'accueillir.

– Charlie dort encore ? lui ai-je demandé.

Tor a acquiescé tout en caressant la poche de son pyjama Spiderman.

Rowan a froncé les sourcils.

– Qui as-tu là ?

– Beckham, a répondu Tor en posant sa petite souris blanche dans la paume de sa main. Elle ne va pas très bien.

– Pourquoi ?

J'avais plutôt l'impression que c'était Tor qui n'allait pas fort. Ses sourcils se touchaient au-dessus de son nez.

– Charlie.

Oh-oh.

– Qu'est-ce qu'il a fait ? s'est inquiétée Rowan.

– Il a fait tourner la roue de Beckham très vite pendant qu'il était dedans. Et il a rigolé quand Beckham est tombé.

Torturer une innocente petite souris n'était pas le meilleur moyen de devenir ami avec mon frère. Mais ce n'est même pas ce qui l'avait bouleversé le plus. Charlie avait piqué les hamsters avec des bouts de bois qui, en fait, n'étaient pas des bouts de bois mais les phasmes de Tor.

– Charlie ne voulait sûrement pas leur faire de mal, a affirmé Rowan en caressant Beckham d'un doigt. Il était seulement excité de voir tous ces animaux dans ta chambre.

Tor et moi avons échangé un regard du genre « mais oui, c'est ça ! ».

– Allez, donnez-lui une chance, a insisté Ro. À lui et aux autres. Ils viennent de faire un long voyage en avion. Ils étaient probablement fatigués. Ils seront complètement différents aujourd'hui.

Oh, je vois ! En l'absence de Linn, Rowan prenait le rôle de la grande sœur raisonnable.

– Et rappelez-vous, nous devons tous faire un effort pour Papa, a-t-elle poursuivi. À part nous, oncle Jo est sa seule famille.

Là-dessus, elle n'avait pas tort. Je me suis sentie coupable. Papa nous faisait confiance et je ne voulais pas le laisser tomber. Pour lui, j'allais essayer d'apprécier Carli, et je devais garder à l'esprit que ça ne durerait que deux semaines.

– Peut-être que Charlie n'est pas si méchant, a soupiré Tor en haussant les épaules.

Le petit discours de Ro avait eu de l'effet sur lui aussi.

– C'est très bien, Tor. Je suis sûre qu'il est déjà désolé d'... Oh !

Nous nous sommes retournés. Rolf venait d'entrer à son tour dans la chambre… une chaussette blanche scotchée sur chaque patte.

Qui avait bien pu faire ça ?

7

Chez moi, c'est mieux !

Vous saviez que les hindous ont une autre coutume qui remplace Noël et qui s'appelle Diwali ? Je l'ai appris à l'école, en primaire, un jour où notre maître a demandé à Nisha Patel de parler de sa dernière visite à ses grands-parents qui vivent à Gujarat, en Inde.

Je ne me rappelle pas exactement ce qu'avait raconté Nisha, outre le fait qu'elle avait détesté être obligée d'aller aux toilettes à l'extérieur de la maison mais avait adoré les gâteaux de sa grand-mère. Mais je n'ai pas oublié qu'entendre parler d'un autre pays m'avait passionnée.

C'est la même chose quand la mère de Kellie nous raconte des tas d'histoires marrantes sur son enfance en Jamaïque. Ou quand Chloë nous parle de l'Irlande où elle est allée avec sa nourrice.

Certaines personnes racontent si bien qu'on pourrait les écouter des heures durant. D'autres se contentent de frimer en répétant que tout est mieux chez eux. Dans ces cas-là, j'ai juste envie de trouver un très gros atlas pour les assommer.

– Papa, je préfère la tour CN, parce que d'en haut, on peut voir tout Toronto.

Un couple de personnes âgées a souri en entendant cette réflexion de Carli. Pas étonnant, on était quand même tout en haut du London Eye, la grande roue de Londres, d'où on avait vue sur Big Ben, la Tamise, la cathédrale Saint-Paul et presque tout Londres. Mais ce n'était pas au goût de Carli. Elle était appuyée dos à la vitre.

– Hein, Papa, c'est pas aussi beau que la tour CN ?

– Eh bien, c'est juste une vieille roue de vélo géante, s'est esclaffé oncle Jo. C'est pour ça que tu nous as amenés, hein, Martin ?

Papa a secoué la tête.

– Eh… non, j'ai pensé que cet endroit intéresserait les enfants…

– Eh, détends-toi, je blague.

Oncle Jo a donné une nouvelle claque dans le dos de Papa. Il allait finir plein de bleus à ce rythme et nous n'étions qu'au troisième jour du séjour de la Famille Infernale.

Tor m'a tirée par la manche. Je me suis penchée pour écouter ce qu'il me chuchotait.

– S'il tape encore Papa, je lui donne un coup de pied.

– Non, ne fais pas ça, me suis-je empressée de souffler. Ça ne dérange pas Papa, je te jure !

En fait, je n'en avais aucune idée. Il y avait trop de monde à la maison pour que j'aie eu l'occasion de parler avec Papa en tête à tête. Je ne savais pas comment il vivait la situation ni ce qu'il pensait de nos invités. Mais à sa façon de froncer les sourcils par-dessus l'épaule d'oncle Jo, je crois qu'il n'appréciait pas plus que nous les remarques méprisantes de Carli et les tortures que Charlie infligeait aux animaux. Il était sans doute tout simplement trop poli pour dire quoi que ce soit.

Au moins, il était avec nous aujourd'hui. La veille avait été une torture : nous avions pris un bus à impériale pour faire le tour de Londres. Charlie et Carli n'avaient pas cessé de bâiller et de se plaindre pendant qu'oncle Jo et tante Pauline avaient passé leur temps à affirmer que Londres s'était beaucoup dégradée depuis leur départ. À part ça, Tor, Rowan et moi avions dû supporter la description du centre moderne de Toronto (« Tellement plus surprenant que le parlement ! »), du Skydome (« Tout le toit s'ouvre ! Je parie que vous n'avez rien d'aussi grandiose ici ! »), des magasins de Toronto (« Tellement plus chic que ceux de Londres ! »), des parcs de Toronto (« Tellement plus propres que ceux de Londres ! ») et même des écureuils de Toronto (« Ils sont noirs, c'est tellement plus original que les gris que vous avez ici ! »).

À la fin de la journée, je me demandais pourquoi mon oncle et ma tante avaient choisi de dépenser de l'argent et de se priver des charmes de Toronto pour venir jusqu'ici.

Quant à Rowan, elle n'essayait plus d'être la voix de la raison. Après une journée entière passée en compagnie de la Famille Infernale – particulièrement à cause de toutes les remarques sur sa façon de s'habiller que tante Pauline lui balançait –, ma sœur en avait eu par-dessus la tête. Aujourd'hui, elle séchait… enfin, je veux dire qu'elle était trop « malade » pour nous accompagner.

Ce qui est étrange, c'est que je l'ai vue prendre trois Pépito dans la boîte à gâteaux alors qu'elle se plaignait d'avoir mal au ventre.

– Ally…

Tor me tirait la manche de nouveau. Je me suis penchée vers lui.

– Quoi ?

Tor gardait un œil sur Charlie. Surtout depuis qu'il avait, avec un aplomb sans précédent, nié être l'auteur des méfaits commis sur Rolf (le coup des chaussettes scotchées). Quand Rowan, avec une grande délicatesse, avait évoqué le problème la veille au petit déjeuner, Charlie avait éclaté en sanglots et s'était jeté dans les bras de sa mère. Même nous, nous avions failli nous laisser prendre à sa petite comédie. Sauf que quand Rolf est entré dans la cuisine, il a jeté un regard paniqué à Charlie et s'est enfui sans demander son reste.

Pour le moment, notre charmant cousin était en train de faire des cercles de buée sur la fenêtre pour écrire des gros mots.

Une part de moi se demandait si je ne devrais pas faire remarquer à tante Pauline à quoi s'occupait son rejeton adoré, mais les preuves risquaient de se volatiliser avant qu'elle ne me prête attention. Et puis je ne suis pas une rapporteuse.

– Ignore-le, ai-je murmuré à Tor, ce n'est qu'un sale gamin.

– Maman…

C'était Carli. Sans doute sur le point de dire à sa mère qu'elle trouvait le palais de Buckingham ennuyeux ou un truc du genre.

– Qu'est-ce qu'il y a, ma chérie ?

– Ally et Tor n'arrêtent pas de faire des messes basses…

Bon. Je n'étais peut-être pas une rapporteuse mais il était clair que Carli en était une !

– Salut ! nous a gaiement accueillis Rowan quand nous sommes tous entrés dans la cuisine.

Pour une fille soi-disant malade (ha !), elle avait l'air en pleine forme. Elle avait même pris le temps de se crêper les cheveux… et de se faire une nouvelle teinture plus foncée, si mes yeux ne me trompaient pas.

– Tu te sens mieux, Rowan ? a demandé Papa.

– Beaucoup mieux, a souri ma sœur avec enthousiasme.

Elle avait intérêt. Tor et moi comptions sur elle le lendemain pour nous aider à supporter la Famille Infernale !

– Qu'est-ce que c'est que ça ?

Tante Pauline regardait – d'une façon très indiscrète – une pile de photos posée sur la table.

– Des clichés d'un barbecue organisé par nos voisins, il y a deux semaines, a expliqué Rowan. Ils viennent de les déposer.

– Un couple adorable, a ajouté Papa. Ce sont eux, là…

La manière dont tante Pauline et oncle Jo ont regardé les photos était fascinante : ils ne s'attendaient manifestement pas à ce que les membres de cet adorable couple soient deux hommes !

– Regardez celle-ci, elle est géniale ! s'est exclamée Rowan en passant les photos à tante Pauline et oncle Jo qui restaient sans voix. C'est quand j'avais une coccinelle sur le bras et que Tor était tout paniqué parce que je risquais de l'écraser.

– Je me rappelle, ai-je acquiescé.

– Vous appelez ça un insecte ! s'est écrié oncle Jo, retrouvant sa verve. Vous devriez voir les libellules qu'on a dans le parc de Toronto.

– Ro…

C'était Tor. Immobile devant l'évier, il observait une boîte en carton qui semait de la paille et qui s'agitait doucement.

– Ah oui, j'avais oublié ! a lancé Rowan. C'est Michael qui l'a laissée pour toi… Un de ses clients a été hospitalisé pour une quinzaine de jours et il a pensé que tu serais la personne idéale pour veiller sur sa tortue.

– C'est génial, hein, Tor ? s'est exclamé Papa en prenant la boîte pour que Tor – ainsi que Charlie et Carli – puisse regarder dedans.

Tor était si heureux qu'on aurait pu le croire prêt à exploser de bonheur. Quant à Carli et Charlie, on aurait dit qu'ils regardaient une crotte de chien.

– Ah, et puis, je voulais vous dire aussi ! a repris Rowan un peu trop joyeusement pour quelqu'un de malade. J'ai trouvé un travail pour l'été.

– Depuis quand ? ai-je crié.

– Aujourd'hui. Je suis passée… euh… Von est passée devant un salon de coiffure près de Camden et il y avait une annonce sur la vitrine. Alors, j'ai… euh… téléphoné et j'ai été prise ! Voilà !

– Un salon de coiffure. Hmm. C'est bien. Ils pourront peut-être faire quelque chose pour tes cheveux… a marmonné tante Pauline.

Elle n'avait sûrement pas vu les salons de coiffure de Camden… Rowan avait plus de chances de revenir avec une iroquoise rose qu'avec une raie au milieu.

– Bravo, Ro ! l'a félicitée Papa. Alors comme ça tu vas être leur apprentie ? Laver les cheveux des clients et tout ?

(Papa est adorable. Il n'est pas du genre à avoir une ambition démesurée pour nous. Il est fier de TOUT ce que nous faisons… tant que ce n'est pas casser des vitrines à coups de pied ou molester des vieilles dames.)

– Oui, je crois. Enfin, on me demandera plus probablement de balayer et de préparer le café…

– Et tu commences quand ? ai-je demandé, soupçonneuse.

– Heu… demain, s'est hâtée de répondre Rowan, les joues tout à coup très roses.

Génial : tout le monde me laissait tomber. Frédéric n'avait pas appelé, Billy ne voulait pas venir me voir tant que nos invités seraient à la maison, Sandie n'avait pas répondu au message que j'avais laissé la veille sur son répondeur, Kyra passait du bon temps avec des surfeurs en Espagne, Linn dormait chez Grand-Mère et maintenant Rowan s'était trouvé un travail.

Enfin, j'espérais que c'était… vrai ! Parce que avec ses histoires de faux tatouages, de maladie simulée et de couleur de cheveux naturelle (comme elle l'avait assuré à Grand-Mère), on pouvait avoir des doutes sur les affirmations de Rowan en ce moment…

8

Un gros mensonge et une journée de repos

C'était vrai.

Rowan s'était bien trouvé un travail d'été.

– Je suis désolée, Ally, m'avait-elle dit la veille au soir. Je vais devenir folle si je reste avec ces gens. J'ai passé la journée à chercher un travail.

Elle était donc partie ce matin, de bonne heure et de bonne humeur, avec tous ses bracelets et ses colliers, des fleurs en tissu cousues sur sa vieille jupe en jean et d'autres collées sur ses barrettes. Elle avait même laissé le nom et le numéro de téléphone du salon de coiffure en cas d'urgence. (Quelles sortes d'urgences ? Si on avait besoin d'un shampoing vite, vite, tout de suite ?)

– Ils sont horribles, m'avait glissé Billy la veille dans ma chambre.

Sa curiosité avait fini par l'emporter.

Sa première rencontre avec mes cousins l'avait impressionné : à son arrivée, Carli pleurait toutes les larmes de son corps à cause de la pizza que Papa avait commandée (Appelez la police, il y avait du poivre vert dessus !) et Charlie faisait ce qui ressemblait étrangement à un nœud de pendu avec le lacet de sa chaussure.

– Je te crois, lui avais-je répliqué en remarquant une éclaboussure de vernis mauve sur mon bureau.

Carli avait-elle farfouillé dans mes affaires ?

– Ton oncle est super lourd ! Et ses blagues sont super mauvaises !

On ne peut plus vrai ! Je ne voyais pas ce qu'il y avait de drôle à appeler Billy mon « petit copain » plus de quinze fois en cinq minutes. Et Billy avait moyennement apprécié les remarques acides de tante Pauline sur sa tenue. (Il portait un short de skate.)

– Je préférerais mourir que de passer une nouvelle journée avec eux et pourtant… avais-je soupiré.

– Tu peux pas en parler à ton père ?

– Non, surtout pas. Il nous a demandé de faire des efforts. Il n'a pas vu son frère depuis dix ans, et si ça se trouve, il ne le reverra pas avant encore dix ans.

– Dis que tu es malade… Fais semblant d'avoir le même truc que Rowan.

J'étais sur le point de protester quand je me suis rendu compte que je serais incapable d'affronter une nouvelle journée avec la Famille Infernale. Tout ce que j'avais à faire, c'était convaincre Tor de mentir aussi. (Je détestais cette idée, mais je ne pouvais pas non plus le laisser tomber.)

– Elle est mignonne, hein ?

Tor venait d'entrer et me mettait fièrement la tête d'E.T. de sa tortue sous le nez.

– Adorable, ai-je acquiescé en me reculant un peu. (Juste au cas où Spartacus aurait pris mon nez pour un morceau de salade.)

Oui, Tor et moi avons passé une très agréable journée tout seuls à la maison. Enfin, Tor a passé une bonne journée à s'occuper de tous ses animaux. En ce qui me concerne, la culpabilité me rongeait (pour avoir menti à Papa) et puis aussi, je m'ennuyais. Bon, c'est vrai que je n'avais pas envie de passer la journée avec ma tante, mon oncle et mes cousins, mais je n'aurais rien eu contre une visite de mes amis. Et personne – ni Sandie, ni Chloë, ni personne – n'avait téléphoné. Pourtant, je leur avais laissé des tas de messages ces deux derniers jours. Inutile de mentionner qui d'autre n'avait toujours pas rappelé.

Nous étions mercredi et exactement dix jours s'étaient écoulés depuis mon presque-rencard avec Frédéric. Pourquoi ne rappelait-il pas ? Peut-être parce que, après avoir discuté des gens que nous connaissions tous les deux (Kyra, etc.), la conversation s'était tarie. Ou parce que je n'y connaissais rien en hip-hop et que c'était sa musique préférée… (Quand j'avais cité deux ou trois chansons que j'avais entendues à la radio, il avait éclaté de rire comme si j'avais parlé de Dalida…) Ou alors, c'était parce que, au moment de nous dire au revoir, il avait (je crois) l'intention de m'embrasser mais j'avais paniqué, marmonné une bêtise et m'étais penchée si vite que je m'étais cogné le front dans ses dents…

Hmmm… oui, c'est peut-être pour ça qu'il n'avait pas rappelé… Si ça se trouve, il était en train de se faire refaire les dents…

À cet instant, une chose étrange s'est produite : je caressais Spartacus en pensant à Frédéric (même s'ils ne se ressemblent pas le moins du monde), quand le téléphone a sonné.

– Allô ? ai-je répondu alors qu'au même moment un bruit de clés à la porte annonçait le retour de la Famille Infernale.

J'ai fait un petit signe à mes oncle, tante et cousins (qui étaient encore plus bizarres que d'habitude : Carli avait un serre-tête orné de deux boules pailletées qui s'agitaient au bout de ressorts et Charlie portait un chapeau melon sur lequel était écrit *I love London.* Il n'avait pas dû en trouver avec l'inscription : *I hate London**.)

– Ally ?

– Oui.

– C'est Frédéric.

Mon cœur devait être relié à un élastique, vu la manière dont il a bondi dans ma poitrine.

– Ah, salut Frédéric ! ai-je souri comme une imbécile pendant que les membres de ma Famille Infernale accro-

* « Je déteste Londres. »

chaient leur manteau dans l'entrée avant de s'égailler dans la maison.

– Euh… ça te dirait qu'on se revoie… ?

J'aurais d'abord aimé savoir pourquoi il avait tant tardé à m'appeler, mais comme Kyra et Salma m'avaient dit que tous les garçons faisaient comme ça, j'ai laissé tomber…

– Euh… oui, j'aimerais bien.

« Bien. » Les garçons détestent le mot « bien ». Pourquoi n'avais-je pas choisi un autre mot ?

– Demain ?

Demain, c'était parfait. Ma Famille Infernale allait à Guildford rendre visite à un parent de tante Pauline ; je n'aurais même pas à simuler un mal de ventre.

– D'accord.

– Super. Au parc, comme la dernière fois ?

– D'accord.

– Vers deux heures ?

– D'accord.

Cépavrai. Trouve autre chose que « bien » et « d'accord », Ally !

– À demain, alors.

– D'accord, ce sera bien.

Aaaaarrrrggghhhh !

Je venais de raccrocher, j'étais en train de me dire que j'étais la pire des imbéciles, des nulles et des débiles quand j'ai capté une conversation qui venait du salon.

– Son père ne doit jamais avoir de repos. Une fille de cet âge qui a tant de petits amis ! marmonnait tante Pauline. L'autre garçon est monté dans sa chambre hier soir…

Billy ? Elle parlait de Billy ? Il vient dans ma chambre depuis que nous sommes en âge de monter l'escalier en rampant. Et qu'est-ce que ça pouvait bien lui faire que je sois en train de parler à Frédéric ? Elle n'était pas ma…

– Cette gamine a vraiment besoin d'une mère. Les autres aussi d'ailleurs !

– Je ne sais pas si ça ferait une différence, a ricané mon oncle, Mélanie n'était pas franchement une bonne influence, avec ses vêtements hippies et son style tellement bohème.

J'étais sur le point de hurler. Sauf que quelqu'un l'a fait avant moi et pour une fois, ce n'était pas Carli… mais Charlie.

Je me suis retournée vers la porte de la cuisine et j'ai vu Colin avec le serre-tête à boules pailletées sur la tête en train d'essayer frénétiquement de s'en débarrasser.

Ce qui ne m'a pas permis de deviner quel terrible sort venait d'accabler mon cousin derrière cette porte fermée…

9

Merci, merci beaucoup, Carli…

Je suppose que quand Frédéric m'a proposé de le retrouver au parc, il avait prévu qu'il n'y aurait que lui et moi… et non pas lui, moi, deux chiens et une cousine.

Carli n'était pas très contente que nous ayons emmené les chiens et moi, je n'étais pas très contente d'avoir emmené Carli. Mais je n'avais pas eu le choix. J'avais dû prendre tout le monde. La veille, Winslet avait « très gravement blessé » mon cousin Charlie…

– C'est une maison de fous ! avait hurlé tante Pauline en essayant de consoler son fiston adoré. Ces chiens devraient être abattus. Tu n'es pas capable de garder tes chiens et tes enfants sous contrôle !

Papa, qui était revenu tout gai du travail, avait trouvé la maison sens dessus dessous. Il est devenu… violet en entendant les propos de sa belle-sœur.

– Voyons, Pauline, de quoi parles-tu ? Winslet ne l'a pas mordu ! Elle lui a juste pincé la main.

– Et elle n'aurait même pas grogné si Charlie n'avait pas essayé de la mettre dans le sèche-linge, suis-je intervenue en qualité de témoin à décharge dans le procès Winslet contre Charlie Love.

Pauvre Winslet ; quand j'étais entrée – en trombe – dans la cuisine, elle tentait vainement de se libérer de l'étreinte de Charlie qui essayait de la faire entrer par la porte du sèche-linge.

– Je voulais juste voir si elle tenait dedans, Maman, a pleurniché l'horrible farfadet. C'était pour jouer !

– Bien sûr, mon chéri, a marmonné tante Pauline en lui caressant les cheveux. Carli, va voir si ton père a amené la voiture devant la porte, s'il te plaît.

– Pauline, s'est exclamé Papa, tu n'as vraiment pas besoin de…

– Martin ! Vas-tu enfin nous dire comment aller à l'hôpital ? !

Papa a fait plus que ça. Je suppose qu'il s'est senti obligé de les accompagner jusqu'aux urgences. Ils sont partis si longtemps que Linn, Rowan, Tor, Carli et moi avons dîné sans eux. J'ai renseigné mes sœurs qui se demandaient ce qui se passait, mais je n'ai pas vraiment pu entrer dans les détails… Tor pleurait d'inquiétude pour Winslet et ce qui allait lui arriver, et Carli nous regardait d'un sale œil. (Avait-elle deviné que nous nous demandions tous intérieurement comment Charlie aurait réagi si nous avions essayé de le mettre lui dans le sèche-linge ?)

Linn a proposé de prendre Winslet avec elle chez Grand-Mère, mais j'ai fait remarquer que ce n'était pas une très bonne idée, vu que Winslet ne s'est jamais tellement bien entendue avec Mushu, le chaton siamois de Grand-Mère. Et puis je ne crois pas que Grand-Mère apprécierait de les voir « jouer » à cache-cache dans son appartement.

Heureusement, de retour de l'hôpital, oncle et tante semblaient un peu calmés. Le docteur avait pris le temps d'expliquer patiemment à Charlie que les animaux n'étaient pas des jouets, qu'il n'avait pas été blessé le moins du monde et que Winslet n'avait pas la rage. En fait, il avait sermonné Charlie, ce qui avait rendu tante Pauline furieuse – elle l'avait traité de « personne mal élevée ». (Et elle savait de quoi elle parlait !) Enfin, bref, leur demande de faire piquer Winslet n'avait pas été retenue.

– Ally, je crois que Charlie a besoin de calme pour récupérer aujourd'hui, m'a dit tante Pauline le lendemain matin, après avoir téléphoné à sa famille pour remettre leur visite et installé Charlie sur le canapé, avec une couverture et des montagnes de paquets de bonbons et de chips. Peux-tu prendre Carli avec toi cet après-midi ? Et également emmener ces… animaux ?

Grand-Mère était passée chercher Tor ce matin (alertée par Linn la veille au soir, je suppose). Pourquoi tante Pauline ne lui avait-elle pas demandé de prendre également Carli ? Pourquoi est-ce que c'était à moi que revenait la corvée ? Parce que je suis la fille la plus malchanceuse du monde…

– Salut, ai-je lancé, beaucoup trop fort.

Frédéric, perché sur le dossier du banc, les écouteurs enfoncés dans les oreilles et la capuche sur la tête, n'a pas répondu.

– Frédéric ! ai-je appelé encore plus fort, en agitant ma main sous son nez.

– Hé ! a-t-il souri en enlevant ses écouteurs sans toucher sa capuche. (Très habile manœuvre.)

Son sourire s'est quelque peu atténué quand il a aperçu ma cousine et les chiens.

– Je te présente ma cousine Carli.

– J'habite au Canada.

– Ah ! a répondu Frédéric en la regardant avec méfiance.

– Elle est venue nous rendre visite avec sa famille. Et ça, ce sont mes chiens, Rolf…

En entendant son nom, Rolf a aboyé, levé la patte et arrosé généreusement le pied du banc.

– … et Winslet, ai-je continué en faisant comme si je n'avais rien remarqué.

Winslet a arrêté de mâchouiller le papier de glace qu'elle avait trouvé par terre et a grogné doucement, comme si Frédéric avait voulu lui prendre son trésor.

– Ce chien est dangereux. Il a mordu mon frère.

– C'est vrai ?

Frédéric a froncé les sourcils en regardant tour à tour Carli, Winslet et moi.

– Elle ne l'a pas vraiment mordu, ai-je rectifié. Euh… tu veux marcher ?

Frédéric a haussé les épaules et nous nous sommes engagés dans le chemin, suivis de Carli, Rolf et Winslet (les chiens à bonne distance de la fille).

– Tu écoutais quoi ? ai-je demandé pour engager la conversation.

Ce presque-rencard me rendait nerveuse et j'avais la gorge si serrée que j'avais peine à parler.

– Public Enemy, a répondu Frédéric en sortant le CD de son lecteur et en fouillant dans son sac à la recherche de la boîte.

J'aurais bien aimé qu'il enlève sa capuche. C'était comme discuter avec quelqu'un qui porte des lunettes noires ; c'est gênant de ne pas voir complètement le visage de son interlocuteur. (Et puis Frédéric était plutôt mignon et n'avait aucune raison de cacher son visage.)

– Tiens…

Waouh. Il me tendait le CD.

– C'est pas très récent, mais j'ai pensé que… Je te le prête pour que tu en saches un peu plus sur le hip-hop.

J'ai lu à voix haute le nom de l'album en espérant que je n'étais pas devenue rouge comme une pivoine.

– *Fear of a Black Planet.*

– Ouais, c'est un CD piraté que mon cousin a eu aux États-Unis.

Je n'avais jamais entendu parler de Public Enemy, mais j'étais très touchée. Ça commençait presque à ressembler à un vrai rencard…

– Ça, je sais ce que ça veut dire ! s'est exclamée Carli en se glissant entre Frédéric et moi.

Elle avait posé le doigt sur l'autocollant *advisory* collé sur la boîte du disque.

– Ça veut dire qu'il y a des gros mots dans les chansons.

– Comme ceux que ton frère écrivait sur les vitres l'autre jour ? n'ai-je pas pu m'empêcher de rétorquer.

Oups.

Carli m'a lancé un regard noir et s'est reculée. Elle n'avait rien à répondre à ça. Elle avait probablement vu son frère aussi bien que Tor et moi.

J'ai levé les yeux vers Frédéric et j'ai tenté le mignon sourire qu'il m'avait dit aimer chez moi (du moins, c'est ce qu'il avait écrit dans le journal qu'il m'avait « emprunté »), mais il a tourné la tête.

Ensuite, il y a eu un long, très long silence (on n'entendait plus que le halètement des chiens). Pendant un court instant, j'ai pensé demander à Frédéric si ses dents n'avaient finalement pas trop souffert de leur collision avec mon front et puis je me suis ravisée. Inutile de raviver des souvenirs embarrassants.

– Euh… et ta cheville ? a fini par lâcher Frédéric.

– Ça va mieux. Enfin, je ne suis pas complètement remise… je n'ai plus besoin des béquilles mais j'ai un bandage tout le temps… sauf que je l'enlève pour prendre mon bain… euh… et au lit…

Cépavrai, cépavrai, cépavrai. Je babillais comme une idiote et j'étais de nouveau rouge comme une tomate à la simple idée d'avoir prononcé les mots « bain » et « lit » devant un être du « sexe opposé ». Oh non, cépavrai, rien qu'à penser le mot « sexe », j'étais encore plus rouge ! On aurait dit une vierge victorienne.

– L'autre soir, Ally a invité un autre garçon dans sa chambre. Il est resté plus d'une heure…

Sans que je m'en rende compte, Carli avait de nouveau glissé son petit museau de fouine entre Frédéric et moi.

– Ne dis pas de bêtises, Carli. C'était juste Billy, ai-je essayé de rire.

Mais je sentais les yeux de Frédéric fixés sur moi.

– Maman dit que ce n'est pas bien de sortir avec plusieurs garçons à ton âge…

Et ce n'était sûrement pas bien non plus d'assassiner sa cousine à mon âge, pourtant si Carli continuait, j'avais toutes les chances de passer le reste de mes jours en prison.

– Je ne sors avec personne, Carli ! lui ai-je rétorqué. Billy est juste un ami et… et…

Je n'ai pas fini ma phrase parce que je n'étais pas sûre de ce qu'était Frédéric. Et si jamais il devenait mon petit ami (rouges, les joues, rouges !), ça ne regardait ni Carli ni sa mère.

– Billy ? a demandé Frédéric. Celui qui était à la fête chez Kyra ?

– Oui. Tu te souviens de lui ? Un peu bête mais gentil…

Je n'étais pas très sympa de parler de Billy de cette façon à quelqu'un que je connaissais aussi peu que Frédéric, mais c'était pour lui faire comprendre que Billy n'était rien d'autre pour moi qu'un ami.

– Juste un pote ? a insisté Frédéric.

– Oui.

– C'est sûr ?

– Sûr !

Alors ça, c'était quand même bizarre. Comment Frédéric pouvait-il se permettre d'être aussi possessif avec moi alors que nous ne sortions pas vraiment ensemble ? J'avais quand même le droit d'avoir un ami garçon, non ? Ça ne me ferait rien s'il avait une amie… sauf qu'il n'en avait pas. Il se contentait de traîner avec Basile, les deux Mickey et Ismaël.

– Quand je suis entrée dans la chambre pour prendre ma brosse, Billy et toi étiez tous les deux allongés sur le lit.

– On était *assis* sur mon lit !

Pardon de ne pas avoir une chambre assez grande pour y mettre un canapé ! Pardon si la seule place confortable de ma chambre est le lit quand on commence à avoir mal aux fesses à force d'être assis par terre !

Frédéric semblait regarder ses pieds. (Ça se voyait à l'inclinaison de sa capuche.) Mon petit doigt me disait qu'il n'était pas très content.

– On était assis sur le lit, ai-je répété plus doucement.

– Quand j'ai dit à ma mère que tu étais allongée sur ton lit avec un garçon, elle m'a dit que c'était à cause de la mauvaise influence de ta mère. Elle a dit que…

– Carli ! l'ai-je brutalement interrompue. Tu veux bien te taire trente secondes ? Et arrête de parler de ma mère !

– Mais ma mère a dit que…

– Euh… écoute… a marmonné Frédéric, interrompant ma dispute avec mon affreuse cousine (qui ne faisait que raconter des mensonges et des horreurs !), je dois y aller… J'ai… j'ai des trucs à faire…

Nos regards se sont croisés et j'ai compris que tout était fini avant même d'avoir commencé.

– Tu peux me rendre mon CD ? Mon cousin risque de ne pas apprécier si je le prête. C'est un piraté et…

– Bien sûr.

Je lui ai tendu son précieux disque en espérant que ma main ne tremblait pas trop (raté !).

– Bon, à la prochaine, a lancé Frédéric en s'éloignant avec Rolf (idiot !) gambadant autour de lui.

– Il va où ? a demandé Carli, sans cacher qu'elle s'en fichait.

J'ai pris une grande inspiration et j'ai compté jusqu'à dix. Bon, tout avait raté entre Frédéric et moi et, de toute façon, je n'avais pas envie de sortir avec un garçon aussi possessif et prêt à croire les idioties d'une sale gamine de neuf ans. Mais j'aurais largement préféré découvrir ça par moi-même au lieu de le devoir à mademoiselle Je-raconte-n'importe-quoi.

J'ai entendu Carli dans mon dos alors que je me dirigeais à grands pas vers la sortie du parc.

– On va où ?

– À la maison ! ai-je marmonné par-dessus mon épaule. Rolf, viens là, mon grand !

Et cheville bandée ou pas, je suis rentrée à la maison avec mes chiens, vitesse grand V, pour ne pas laisser à Carli l'occasion de reprendre sa respiration et de parler ! Si je l'entendais prononcer encore un mot, je me mettrais à hurler !

– Quand on sera rentrées, a-t-elle haleté derrière moi, je dirai à Maman que tu écoutes des chansons avec des gros mots.

J'ai failli crier un très gros mot mais je me suis retenue parce qu'on venait juste de croiser une dame avec un bébé dans une poussette !

10

Libérée pour bonne conduite

– Ally, c'est Chloë.

Alléluia ! Mes amies n'avaient pas été enlevées par des extraterrestres. Elles étaient en vie. Enfin, au moins l'une d'entre elles, ce qui était mieux que rien.

– Je t'ai téléphoné il y a des siècles, Chloë. Où étais-tu passée ? lui ai-je demandé en souriant jusqu'aux oreilles.

C'était si bon d'entendre une voix amicale. Nous étions vendredi, sixième jour de visite de la Famille Infernale (J'avais l'impression que c'était le six-centième !) et j'avais besoin d'une pause.

(D'ailleurs, en parlant de la Famille Infernale, l'un d'entre eux était penché au-dessus de la rampe et tendait l'oreille pour écouter la conversation.)

– Oh, j'ai traîné à droite, à gauche, tu sais comment c'est, les vacances ! a répondu Chloë.

À droite, à gauche. Mmh. Ça avait l'air bien. Si ça se trouve, elle avait juste aidé son père à installer les rouleaux de papier toilette et les boîtes de petits pois dans l'épicerie, mais ça me semblait le paradis. Tout était le paradis à part garder les affreux cousins. (Affreux, fouineurs et voleurs – ma cousine avait sur les ongles du vernis d'une couleur mauve étrangement familière, la même que celui qui avait été renversé sur mon bureau.)

– Alors, Al, tu t'es baladée avec ton oncle, ta tante et tes cousins ?

– Oui, ai-je répondu.

Je ne voulais pas en dire plus tant que Carli continuerait à m'espionner.

J'ai essayé de la regarder dans les yeux pour lui faire comprendre que j'avais envie qu'elle s'en aille mais, à la différence d'un humain normal, qui aurait tout de suite capté le message, elle a soutenu mon regard sans bouger.

– Et qu'est-ce que tu as fait aujourd'hui ? a continué à m'interroger Chloë.

– Pas grand-chose.

Je me suis collé le dos contre l'escalier pour ne pas avoir ma cousine en face de moi.

– Je suis restée à la maison avec Tor.

Eh oui, Tor et moi avions eu droit à un autre après-midi béni. Papa avait pris un jour de congé pour aller jouer au golf avec oncle Jo (sur une idée d'oncle Jo – Papa ne sait sûrement même pas dans quel sens on tient un club de golf !). Tante Pauline avait emmené Charlie et Carli faire du shopping dans le centre. Dans un magasin de jouets pour être précise. Tor et moi n'avions pas été invités et nous en étions ravis. Dommage qu'ils ne soient pas restés plus longtemps: quand, vingt minutes plus tôt, tante Pauline avait lancé son «Youhou!», tous les animaux avaient fui aux quatre coins de la maison. Sauf, bien sûr, Spartacus la tortue. Mais bon, elle avait une cachette portative sur le dos.

– Je ne sais pas si tu peux venir, puisque tu as de la famille chez toi, a repris Chloë, mais j'organise une soirée pyjama demain. Ma mère est chez ma tante avec mon frère et Papa dort toujours à poings fermés. Ça te dit?

Si ça me dit? Sûr que ça me dit. Sûr que je vais venir. Même si je dois promettre de passer chaque seconde de la semaine prochaine avec la Famille Infernale. Je suis certaine que Papa va accepter. Après tout, Linn et Rowan ne sont presque jamais là, alors je mérite bien un peu de vacances en récompense de mes bons et loyaux services.

– Pas de problème, à quelle heure veux-tu que je vienne?

J'ai aperçu Winslet (ridicule avec la muselière qu'oncle Jo et tante Pauline l'obligeaient à porter. On aurait dit un Hannibal Lecter miniature et poilu) qui venait à pas de loup dans l'entrée.

– Sandie, à quelle heure on commence demain? ai-je entendu Chloë demander.

– Sandie?

J'ai froncé les sourcils. Ma tante est sortie de la cuisine avec un escabeau et Winslet y est retournée sans se faire voir.

– Sandie est chez toi ?

– Oui, elle a passé la semaine ici. Tu sais, avec sa maison sens dessus dessous… On a bien rigolé. Hein, Sand'? Quoi ? Oh, Sandie te dit salut…

– Salut Sandie, ai-je marmonné, un peu vexée d'apprendre que ma meilleure amie avait tellement rigolé sans moi.

Pas étonnant qu'elle ne m'ait pas rappelée, elle n'était même pas chez elle pour entendre mes messages.

– Viens vers huit heures, Ally. Et n'apporte rien. Je vais piquer des paquets de chips et des tas de trucs à l'épicerie.

– D'accord. À demain… salut.

J'étais encore vexée quand j'ai raccroché le téléphone mais j'ai tout oublié en voyant ce que tante Pauline était en train de faire.

– Qu'est-ce que… ?

– Je nettoie un peu, a-t-elle lancé gaiement en se mettant sur la pointe des pieds pour décrocher les banderoles que Rowan avait dessinées et installées avec amour le samedi précédent. Ton père ne veut pas que nous lui donnions de l'argent pour notre séjour, alors je me charge de quelques corvées pour le soulager un peu.

– Mais Rowan venait juste d'installer ces décorations !

– Je sais, Ally, mais tu vois bien, m'a sermonnée tante Pauline, ces… choses donnent une impression de désordre et ramassent la poussière !

Elle me parlait comme si j'étais la dernière des imbéciles et que j'avais du riz au lait à la place du cerveau. J'ai été ravie que Grand-Mère, accompagnée de Linn, choisisse ce moment pour ouvrir la porte d'entrée, ce qui a eu pour effet de faire vaciller dangereusement l'escabeau de tante Pauline.

– Oh, pardonnez-moi ! a lancé Grand-Mère avec un sourire qui s'est effacé quand elle a vu les gants en caoutchouc de ma tante et la banderole qu'elle avait à la main.

– Qu'est-ce qui se passe ? a demandé Linn en accrochant son gilet au portemanteau.

– Maman nettoie le bazar ! a trompeté Carli du haut des marches.

– Les banderoles de Rowan ! a ri Linn. Ça ne fera pas de mal. Mais au moins, elles ne sont pas aussi ridicules que la serviette de toilette qu'elle a scotchée sur le paillasson.

Linn a touché du pied un des coins de la serviette et j'ai eu envie de la mordre. Elle ne voyait donc pas qu'elle entrait complètement dans le jeu de tante Pauline ? C'est vrai que Linn se plaignait souvent du désordre de la maison, mais… non, ne me dites pas que ma grande sœur a des points communs avec tante Pauline !

– Tu as parfaitement raison, Linn ! a approuvé la tante en question. Je disais justement à Ally que je voulais aider à nettoyer la maison pour remercier votre père de nous accueillir. Ma prochaine tâche va consister à nous débarrasser de cette serviette ridicule. Un enfant pourrait trébucher et se blesser ! C'est un risque, n'est-ce pas, Irène ?

J'ai failli demander à Carli de tester cette théorie pour nous mais j'ai préféré regarder Grand-Mère – championne antibazar – pour voir comment elle réagissait à cette ingérence de tante Pauline.

– Je suis certaine que Martin apprécierait ce geste, Pauline, mais je suis sûre aussi qu'il ne voudrait pas que ses invités fassent le ménage.

Quel tact ! Traduction avec moins de diplomatie : « Laisse tout comme c'était, espèce d'envahisseuse d'espace ! » Du moins, si je ne faisais pas erreur.

– Moi je suis contente de ne pas être la seule à trouver qu'on vit dans un dépotoir, a ri Linn en se baissant pour enlever la serviette.

Cépavrai ! Mais elle ne voyait pas à quel point elle se montrait déloyale envers la famille ?

– Eh bien, Irène, je ne sais pas de qui cette jeune fille tient son bon sens, mais sûrement pas de ses parents ! a lancé tante Pauline en adressant un sourire fondant à Linn. Elle ressemble peut-être à sa mère, mais elle est moins tête en l'air !

Bravo tante Pauline ! Elle venait d'atteindre un nouveau degré dans l'indélicatesse ! Elle n'avait même pas pensé qu'elle parlait de la fille de Grand-Mère. En tout cas, cette remarque idiote avait fait revenir Linn parmi nous – elle était béate de stupeur –, et elle venait de comprendre de quel côté elle était censée être.

11

Maudite soit ma cousine !

– Je croyais t'avoir dit de ne rien apporter ? a lancé Chloë en ouvrant la porte.

Elle était déjà en pyjama, dans l'ambiance de la fête, même s'il n'était encore que huit heures.

– Désolée, ai-je marmonné en entrant, les mains vides (si on excepte mon pyjama et ma brosse à dents) mais accompagnée de mon indésirable cousine.

– Je m'appelle Carli, j'habite au Canada. Au Canada, on vit tous dans des grandes maisons. Personne n'habite dans un magasin.

Carli avait été particulièrement impressionnée (négativement, bien sûr) par l'allée que nous venions de traverser pour arriver chez Chloë, à l'arrière du magasin. Je m'étais doutée que ça ne lui plairait pas.

– Ignore-la, ai-je murmuré à Chloë.

Après tout, Carli vivait dans un quartier chic de Toronto et n'avait aucune idée de la vraie vie. Depuis le début, à force d'entendre les réflexions méprisantes de mon insupportable cousine, j'avais compris qu'ils ne vivaient sûrement pas comme tous les Canadiens et bénéficiaient d'un environnement privilégié. D'ailleurs, les autres Canadiens avaient dû organiser une grande fiesta le jour de leur départ. Le Premier ministre avait sans doute déclaré ce jour férié, et il y aurait sûrement un jour de deuil national quand leur avion atterrirait sur le sol canadien, et qu'ils montreraient de nouveau leurs visages de méchants petits farfadets.

– Hum… mais qu'est-ce qu'elle fait là, Ally ?

Chloë regardait Carli en coin, comme si j'avais amené une variété particulièrement virulente de virus de la varicelle avec moi.

– C'est une longue histoire… ai-je soupiré.

Et je n'avais pas franchement envie de tout expliquer. Pas devant Carli. En résumé, je m'étais fait avoir. La veille, pendant le dîner (un dîner très gai, comme on peut l'imaginer : Rowan était rentrée du travail pour découvrir que ses décorations avaient été enlevées), j'avais demandé à Papa s'il me permettait d'aller à la soirée pyjama chez Chloë. Si mon cerveau avait fonctionné normalement, j'aurais attendu d'être seule avec lui (pas si facile dans cette maison surpeuplée !). Bref, je lui ai demandé. Il a accepté et aussitôt, Carli a pépié : « J'adorerais aller à une soirée pyjama, Maman ! » Je vous laisse deviner la suite.

– Tu aurais pu m'appeler pour me prévenir, m'a lancé Chloë avec sa délicatesse habituelle.

– Désolée, ai-je grimacé.

(Traduction : Désolée, ma tante m'a obligée – « Ça ne t'ennuie pas, Ally, n'est-ce pas ? » –, mais je n'ai pas osé t'appeler de peur que tu me dises de ne pas venir.)

Chloë a haussé les épaules.

– Bon, ben entrez, alors.

Bien qu'il faille suivre une allée étroite pour y arriver, l'appartement de Chloë est grand.

– On va dormir dans la salle de télé, Sandie et moi avons passé l'après-midi à installer les matelas.

Je suis entrée dans la pièce couverte de matelas et j'ai été accueillie par un chœur de « Salut ! » immédiatement suivi d'un « Oh ! » de consternation à l'apparition du visage maussade de Carli. Cépavrai. Pourquoi avait-elle voulu venir si c'était pour nous infliger cette tête-là ?

– Ma cousine Carli, ai-je marmonné. Carli, voilà Sandie, que tu as déjà rencontrée, Salma, Jen et Kellie.

– Je vis au Canada. Au Canada, on…

– Carli, la salle de bains est au bout du couloir derrière toi. Tu peux aller te changer maintenant, si tu veux, l'a interrompue Chloë.

Avec son manque d'enthousiasme habituel, Carli a traîné les pieds vers la salle de bains.

– C'est tout ce qu'elle sait dire ? Ou bien il faut s'attendre à d'autres réflexions ? a demandé Chloë en se laissant tomber sur une montagne de sacs de couchage et d'édredons.

– J'espère que non, ai-je répondu en enlevant mes tennis pour me mettre à l'aise.

La pièce était super bien arrangée. On se serait cru sur un lit géant, couvert de chips et de filles. Elles étaient déjà toutes habillées pour la nuit : Sandie avec son pyjama La Petite Sirène, Jen dans son shorty bleu, Salma vêtue d'une longue chemise de nuit rouge et Kellie avec un caleçon long et un vieux T-shirt blanc – à mon avis, elle n'allait pas tarder à le décorer de taches de chocolat et de Coca.

– Comment ça se passe chez toi ? a articulé Sandie à voix très basse au cas où Carli aurait branché ses radars pour nous capter depuis la salle de bains.

Mon amie semblait tellement inquiète pour moi que je ne pouvais plus lui en vouloir d'avoir passé la semaine avec Chloë.

– C'est horrible, ai-je chuchoté en fermant la porte derrière moi. Je suis désolée d'avoir été obligée de l'amener ici, je n'ai vraiment pas eu le choix.

Salma a haussé les épaules :

– Aucune importance, on fera comme si elle n'était pas là.

– J'aimerais pouvoir en faire autant, ai-je soupiré, mais mon oncle, ma tante et mes deux cousins restent encore toute une semaine !

– Ma pauvre, a dit Jen, compatissante, en se couvrant les joues des deux mains.

– C'est sûr. Tu sais, c'est comme…

– On fait quoi maintenant ? a tout à coup lancé une voix derrière moi.

Carli, plus rapide que son ombre !

– Bon, c'est mon tour de me changer, ai-je dit aux autres, en ignorant Carli.

– On va regarder des cassettes, ai-je entendu Chloë répondre, alors que je me dirigeais vers la salle de bains.

– Quel genre de cassettes ?

– On a une comédie et, pour plus tard, un film d'horreur.

– Maman dit que je n'ai pas le droit de regarder des films d'horreur. Maman dit que…

J'ai claqué la porte de la salle de bains et j'ai tourné le verrou.

Cépavrai. À cause de ce petit monstre, cette soirée risquait d'être la moins drôle que mes amies aient jamais vécue.

Tout le monde peut se tromper.

Je me suis marrée comme ça ne m'était pas arrivé depuis un siècle. Le film avec Jim Carrey était génial, les histoires de Chloë sur sa famille irlandaise cinglée nous ont fait hurler de rire (surtout celle de son cousin Declan qui est allé se baigner tout nu dans la mer et dont les vêtements ont tous été emportés par la marée) et, pour finir, le film d'horreur était si nul qu'on en est devenues hystériques.

Après ? Il était tard. Très tard. On avait dévoré tout ce qui était comestible dans la maison, et on n'avait toujours pas envie de dormir.

– Est-ce que je suis une fille ?

Nous avons toutes éclaté de rire. Toutes sauf Sandie – et Carli qui, par miracle, dormait profondément dans un coin de la pièce.

– Bon, je suppose que ça veut dire non, a repris Sandie. Donc je suis un garçon…

Ce qui a une fois de plus déclenché nos rires de folles.

Nous jouions à « Qui suis-je ? ». On écrit le nom d'une personne célèbre sur un Post-it, on le colle sur le front d'un participant et il doit deviner qui il est censé être en posant des questions. J'ai été la première victime et quatre questions m'avaient suffi pour deviner que j'étais Kylie Minogue : « Suis-je une fille ? », « Suis-je célèbre ? », « Est-ce que je chante ? », « Est-ce que je remue tout le temps du popotin ? ». Ensuite, ça avait été le tour de Jen et je n'ai toujours pas compris comment elle avait deviné si vite qu'elle était Robbie Williams. « Suis-je un garçon ? », « Suis-je Robbie Williams ? ». Maintenant, c'était le tour de Sandie et ce qui nous faisait hurler de rire, c'est qu'elle était assise sagement en tailleur, dans son pyjama de « La Petite Sirène », et qu'elle nous regardait avec ses grands yeux bleus, le nom de *Godzilla* collé sur le front.

– Bon, si je ne suis ni une fille ni un garçon, c'est que je suis un animal, a tenté Sandie.

– Oui, avons-nous rugi si fort que Carli a sursauté dans son sommeil (sans se réveiller, heureusement).

– Est-ce que je suis un petit animal mignon et tout doux ?

Nous avons ri si fort que le père de Chloë a dû nous rappeler à l'ordre deux fois, avant que nous l'entendions.

– Les filles ! a-t-il crié. Vous appelez ça une soirée ? Parce qu'on ne va pas tarder à être le matin ! Certains d'entre nous doivent se lever tôt pour ouvrir un magasin demain, vous savez ?

– Tu n'ouvres qu'à onze heures, le dimanche, Papa, a ri Chloë.

– Les lumières doivent être éteintes dans exactement cinq secondes, a annoncé fermement M. Brennan. Un… deux… trois…

Nous avons glapi comme des folles et nous nous sommes glissées sous la couverture la plus proche, en nous cognant l'une contre l'autre.

–… Quatre… cinq… bonsoir les filles !

– Bonsoir, monsieur Brennan, avons-nous répondu à l'unisson dans le noir.

Cette soirée avait été parfaite. Même Carli s'était bien comportée ; elle avait regardé les films, mangé des chips, n'avait rien dit pendant que nous nous racontions nos bêtises et s'était endormie tôt. Je n'aurais pas pu espérer mieux.

Ça commençait à ressembler à des vacances… Des vacances loin de la Famille Infernale.

12

Le mystère de la tortue scotchée

Une semaine, ce n'est pas si long. Ce n'est pas une éternité. Sept petits jours (sans compter aujourd'hui) ; 168 heures (dont à peu près 63 à dormir). Oui, je peux supporter ça ; je peux supporter ma Famille Infernale encore un peu de temps. Pas de problème.

Voilà ce que je pensais quand Carli et moi sommes sorties de chez Chloë en bâillant dimanche matin. J'étais encore dans le délire de la nuit et – écoutez bien – je me sentais moins en colère contre ma cousine. J'étais même plutôt bien disposée à son égard (inutile de vous évanouir !). Elle n'avait pas pris la tête de mes copines, et à sa façon, elle s'était bien comportée. Je m'étais attendue à bien pire et j'étais agréablement surprise.

– Alors Carli, que penses-tu de ta première soirée pyjama ?

– C'était bien, a-t-elle répondu en jetant un regard sur la vitrine devant laquelle nous passions.

– Qu'est-ce qui t'a le plus plu ?

Pour toute réponse, elle s'est contentée de hausser les épaules. Ça m'était égal. Carli et moi ne discuterions jamais comme deux sœurs, mais échanger avec elle quelques impressions laconiques me suffisait. Peut-être qu'elle commençait à m'apprécier depuis qu'elle m'avait vue m'amuser avec mes amies. La veille, elle avait dû se rendre compte que je n'étais pas un monstre et décider de se comporter correctement.

– Ta copine Salma est très jolie, a soudain pépié Carli.

– Oui, c'est vrai, ai-je acquiescé, appréciant le compliment, même s'il ne m'était pas adressé directement.

– Chloë est drôle.

– Oui, elle raconte bien les histoires.

– Jen a des petits yeux de cochon.

Hum. Il était temps que je l'arrête avant qu'elle ne fasse une remarque qui aurait pour effet de faire fondre mes bonnes intentions à son égard aussi vite que la neige quand Rolf fait pipi dessus.

– Et comment sont tes amies au Canada, Carli ?

Ce sujet nous a tenues jusqu'à la maison. Carli a blablaté sans cesse, ou plutôt, a frimé tout du long à propos de ses amies. (« Sasha ne porte que des vêtements de marque », « La mère de Laurie a une résidence secondaire dans la baie de Géorgie et ils ont un bateau »), mais ça a été. En fait, tout était parfait : le soleil brillait, nous avions prévu de passer la journée au zoo (toute la famille sauf Rowan, mais avec Grand-Mère), et Papa allait pouvoir être fier de sa fille chérie si gentille, sociable et serviable.

La gentille, sociable et serviable Ally a disparu à peine une minute après être rentrée à la maison. Elle a laissé place à la Ally agitée, angoissée et énervée.

Mais on ne peut pas m'en vouloir. Tor était bouleversé et oncle Jo, pour tout arranger, se moquait de lui.

– C'est lui qui a fait ça ! glapissait Tor dans la cuisine.

– Du calme, Tor, y a pas mort d'homme !

J'ai laissé tomber mon sac dans l'entrée et j'ai foncé vers la cuisine. Mon petit frère, rouge de colère au beau milieu de la pièce, brandissait la pièce à conviction n° 1 : une tortue surmontée d'une tour de Lego, scotchée sur sa carapace.

Oncle Jo, tante Pauline et leur fils Charlie étaient assis à la table du petit déjeuner et mangeaient leurs tartines sans se préoccuper de la fureur de Tor.

– Ça aurait pu la blesser ! s'est exclamé Tor, alors que Spartacus agitait ses petites pattes à la recherche de la terre ferme.

– Ha ha ! Ne sois pas idiot ! Sa carapace est plus dure que de la pierre ! Mon Dieu, Pauline, ce gosse est aussi chochotte que son père, tu ne trouves pas ?

– Que se passe-t-il ? Où est Papa ? ai-je demandé en m'agenouillant devant Tor pour débarrasser la tortue de son fardeau.

– Pas de panique, a ricané oncle Jo, un grand sourire sur son gros visage rond. Ton père est parti chercher le journal du dimanche et Tor en profite pour faire tout un plat d'une bêtise sans importance !

– Ce n'est pas sans importance ! Et c'est lui qui a fait ça ! a rugi Tor en montrant Charlie du doigt, alors que je lui prenais doucement Spartacus des mains.

– Allons, Tor, allons, a dit tante Pauline en beurrant sa tartine alors qu'elle aurait dû consoler mon frère ou étrangler son fils. Nous allons éclaircir cette histoire au plus vite. Charlie, as-tu, oui ou non, scotché des Lego sur cette tortue ?

Charlie, le visage couvert de beurre et de miettes, a écarquillé les yeux d'un air innocent.

– Non, Maman. C'est pas moi.

– Tu vois, Tor. Ce n'est pas lui.

J'ai regardé ma tante et je n'ai pas pu me retenir. Je savais que j'allais être grossière, mais après tout, je n'étais pas la seule !

– Et comment est-ce que ça a bien pu arriver, alors ? ai-je lancé. La tortue s'est collé ces trucs sur le dos toute seule ?

Oncle Jo a éclaté de rire, ce qui m'a mise encore plus en colère.

– Cet animal était dans le jardin, c'est sans doute l'œuvre des enfants des voisins ! a suggéré tante Pauline.

Les enfants des voisins ? C'est Michael et Harry, nos voisins, et ils n'ont pas d'enfants. Ça aurait pu être les voisins d'en face mais il aurait fallu un miracle pour que leur bébé arrive à ramper jusqu'ici ! La fille des voisins de l'autre côté ? J'avais du mal à y croire : elle était policier.

Oncle Jo a essuyé les larmes de rire qui coulaient sur ses grosses joues et tante Pauline a soudain coupé court à la conversation :

– Comment va ma Carli chérie ? As-tu passé une bonne soirée ?

Carli. Je l'avais complètement oubliée. Elle a couru vers sa mère et s'est blottie contre elle, comme un bébé.

– Elles m'ont fait regarder un film d'horreur, a-t-elle sorti de sa toute petite voix.

Je n'avais toujours pas digéré le mensonge de mon cousin, quand j'ai vu le regard choqué que ma tante m'a lancé.

Mais avant que qui que ce soit ait eu le temps d'ouvrir la bouche, Carli a repris :

– J'ai eu très peur. Et puis après, elles ont parlé de garçons, et une des copines d'Ally a raconté une histoire de garçon tout nu !

Quel garçon tout nu ?! Je me creusais la cervelle pour comprendre de quoi elle parlait et, en même temps, j'essayais de dégager mes doigts emmêlés dans le Scotch.

Declan… C'est sûrement à lui que Carli faisait allusion… à l'histoire racontée par Chloë à propos de son cousin dont les vêtements avaient été emportés par la marée.

– Ally, je te faisais confiance pour prendre soin de Carli ! s'est fâchée tante Pauline en reposant son couteau à beurre sur la table. Je ne pensais pas que tu lui ferais faire des choses de ce genre !

Malheureusement, mon cerveau bouillonnait tellement de rage devant cette injustice que je n'ai rien trouvé à répondre à part : « AAARGH ! » Et je ne suis pas sûre d'avoir réussi à faire passer ma version des événements de cette façon.

À ce moment, oncle Jo a semblé venir à mon secours.

– Laisse tomber, Pauline, ne te mets pas en colère contre Ally !

Wouah ! Prenait-il réellement ma défense ? Réponse : Non !

– Ce n'est pas sa faute si elle ne sait plus très bien où elle en est, a-t-il repris. Il n'y a qu'à voir le modèle que sa mère lui a donné en partant comme ça et en abandonnant ses enfants !

J'ai senti que Tor me reprenait la tortue, enfin libérée de son Scotch. Il a dû avoir peur que je ne la jette au visage de mon oncle ou de ma tante…

– Chut… Voilà votre pauvre père, a prévenu tante Pauline en nous assassinant du regard, Tor et moi. Ne parlons pas de votre mauvais comportement… Il a déjà bien assez de soucis comme ça !

Quand mon « pauvre père » est entré dans la cuisine, il a aussitôt deviné que ça ne tournait pas rond.

– Que se passe-t-il ici ? a-t-il demandé en fronçant les sourcils.

– Nous étions en train de parler des animaux que nous verrions au zoo cet après-midi, a répondu gaiement tante Pauline, pendant que Carli et Charlie hochaient la tête, en prenant des mines d'anges. Pas vrai, les enfants ?

Les deux farfadets ont acquiescé avec enthousiasme. Tor m'a jeté un long regard désabusé. Nous pensions sans doute à la même chose. Nous n'avions plus qu'à aller nous réfugier avec tous les animaux dans l'abri de jardin.

À moins que… les lions du zoo ne soient assez affamés pour manger oncle, tante et monstrueux cousins.

13

Disputes et espionnage

– C'est nul !

Ce dimanche soir, mes sœurs et moi débarrassions une montagne d'assiettes sales de la table du dîner. Je venais de demander à Ro comment se passait son travail. Apparemment, ce n'était pas le délire.

– Mais c'est pourtant un coiffeur branché, s'est étonnée Linn.

Linn avait raison. J'étais passée devant le salon de coiffure un bon nombre de fois et ce n'était manifestement pas l'endroit où vont les grands-mères pour leur mise en plis. À moins que ce ne soit une grand-mère gothique avec des tas de piercings.

– Oui, c'est vrai, a reconnu Rowan.

Elle a haussé les épaules, ce qui a fait tressauter le Cupidon grassouillet qu'elle avait sur l'épaule (tatouage du jour).

– Mais passer des heures à balayer des mèches de cheveux et à laver des récipients n'a rien de passionnant, tu peux me croire !

Moi, j'aurais bien occupé mes journées à balayer des cheveux sales et à nettoyer des bols encore plus sales. Ça me semblait infiniment plus amusant qu'une journée au zoo avec la Famille Infernale. Rowan était bien chanceuse.

– Pense à l'argent que tu gagnes, Ro. Pense à toutes les teintures pour cheveux et autres faux tatouages que tu vas pouvoir t'offrir, l'a taquinée Linn.

– Je m'en fiche de l'argent, a rétorqué Rowan en posant les assiettes dans l'évier. Du moment que ça me permet de rester loin de nos tante, oncle et cousins stupides !

– C'est sûr, a murmuré Linn.

Rowan s'était sentie personnellement insultée en rentrant ce soir de son travail pour découvrir que ses décorations, cette fois, avaient toutes été enlevées (nettoyées) par tante Pauline. Et même si j'étais surprise d'entendre mes sœurs tomber d'accord pour une fois, je n'ai pas pu m'empêcher de leur rappeler un petit détail :

– Eh ! Et qu'est-ce que vous croyez ? Comment on se sent, Tor et moi, à votre avis ? On n'a aucun moyen de s'échapper ! Et toi, Linn, tu as même réussi à déménager ! Tor et moi, on est de service vingt-quatre heures sur vingt-quatre ! Et ça va être super dur pour Tor ce soir, après ce que Charlie a fait à la tortue. Surtout qu'oncle Jo et tante Pauline se sont moqués de lui !

Linn et Rowan se sont arrêtées, bouche bée, pour écouter mon mini-éclat de colère.

C'était la première fois que je prenais mes sœurs à partie de cette façon. Mais je n'avais raconté que la pure vérité : elles étaient tellement occupées à se tenir éloignées de la Famille Infernale qu'elles ne pensaient pas une seconde à Tor et à moi !

– On n'est pas censés se serrer les coudes tous les quatre ? ai-je repris sur ma lancée. Je croyais que nous avions TOUS décidé de tenir nos langues pour que Papa ne sache pas à quel point c'est horrible. Mais c'est plutôt difficile pour Tor et moi, vu que vous n'êtes jamais là !

Linn n'a pas répondu tout de suite ; elle a traversé la pièce et a fermé la porte sur laquelle était punaisé, jusqu'à cet après-midi, le poster de la Croatie.

Elle s'est assise à la table de la cuisine, les coudes dans les miettes, et a commencé :

– Ce n'est pas moi qui ai demandé à vivre chez Grand-Mère, Ally.

Je me suis assise en face d'elle.

– Je sais, ai-je marmonné. Mais tu ne vois pratiquement rien de ce qui se passe ici.

– J'en vois suffisamment pour me rendre compte que c'est affreux, a souri Linn.

– Oui, mais vous ne subissez pas le pire. Ils ont décidé de vous épargner, toi, Papa et Grand-Mère. Ce que Tor et moi vivons, c'est monstrueux.

– Eh ! J'en ai profité aussi, moi, Ally, a protesté Rowan en se laissant tomber sur une autre chaise, l'air vexé.

Même son petit Cupidon semblait faire la tête.

– Bon, nous n'avons plus le choix, a déclaré Linn. Nous devons en parler à Papa.

– Nous avions décidé de ne pas le faire ! s'est exclamée Rowan, inquiète.

– Oui, mais il n'a aucune idée de l'horreur de la situation, a fait remarquer Linn. Il faut le prévenir !

C'était agréable d'avoir Linn pour prendre les choses en main (d'habitude, je trouve que c'est insupportable). Elle m'avait manqué. Bizarrement, je m'étais sentie seule dans la maison sans elle.

– Mais comment lui en parler sans lui faire de la peine ? a demandé Rowan.

– Ou sans lui donner l'impression qu'on exagère ? ai-je ajouté.

J'en avais marre qu'on me prenne pour une menteuse. J'avais eu ma dose pour la semaine.

Linn a froncé les sourcils. Elle réfléchissait.

– Ce qui serait bien, c'est que Papa les voie dans leurs pires moments ! Comme ça, nous n'aurions même pas besoin de lui parler !

– Comment faire ça ? ai-je demandé. Tu crois qu'on peut les enregistrer ou quelque chose du genre ?

Stanley avait un caméscope mais je ne crois pas que Grand-Mère apprécierait que nous le lui empruntions pour organiser un chantage. Pourtant, j'aurais adoré prendre Carli la main dans le sac en train de fouiller dans mes affaires ou d'utiliser mon vernis à ongles sans demander.

Linn a secoué la tête.

– Non, pas les enregistrer… plutôt, je ne sais pas… il y a peut-être un moyen de les pousser à vraiment mal se comporter devant Papa.

Ça me semblait une bonne idée. J'ai entendu un bruit derrière moi, mais j'étais bien trop intéressée par les propos de Linn pour y prêter la moindre attention.

Dommage.

– Tu veux dire que si nous en rajoutons un peu, il est possible qu'oncle Jo et tante Pauline fassent une remarque devant Papa sur la mauvaise éducation que Maman nous aurait donnée ? ai-je lancé.

C'est ce qui me dégoûtait le plus : qu'ils ne cessent de critiquer Maman !

Linn a haussé les épaules.

– Hmm, peut-être.

– Je sais ! s'est exclamée Rowan. On n'a qu'à enfermer Charlie dans une chambre avec Rolf et une bombe de laque pendant cinq minutes. Après, on s'arrange pour que Papa ouvre la porte et découvre un chien tout collant et le coupable du forfait !

– Ouais, oncle Jo et tante Pauline pourront toujours essayer de le défendre, leur petit chéri ! ai-je ri en imaginant Rolf coiffé en punk avec des piquants sur le dos.

– Et quand ils commenceront à présenter leurs excuses pour leur odieux gamin, a ajouté Linn, on fera comme a dit Ally et on en rajoutera un peu. Comme ça, un des deux sortira forcément une méchanceté sur Maman !

– Vous croyez qu'on doit mettre Tor au courant ? a demandé Ro, les yeux brillants d'excitation.

– Ahem…

Ce « Ahem » venait de l'encadrement de la porte de la cuisine et sortait de la bouche d'une grand-mère désapprobatrice. Eh oui, c'était elle le bruit que j'avais entendu une seconde plus tôt…

– Je ne sais pas à quel jeu stupide vous jouez, les filles, mais je refuse que vous ou votre frère soyez mêlés à une bêtise qui concernerait nos invités. Compris ?

– Mais, Grand-Mère, a tenté d'expliquer Linn, nous sommes seulement…

– En train de vous comporter comme des gamines, l'a coupée Grand-Mère.

– Mais Grand-Mère, ce n'est pas ça, a essayé Rowan à son tour. Nous voulions seulement…

Elle se rendait compte, comme Linn et moi, que Grand-Mère n'avait entendu que le plan et pas la raison pour laquelle on le mettait au point.

– Je refuse d'entendre vos explications. Je sais qu'il est difficile pour tout le monde de vivre les uns sur les autres quand on a peu en commun, mais je serais très déçue que mes petits-enfants puissent être grossiers ou mal se comporter devant des invités. Je suis sûre que votre père en serait très peiné.

Aïe !

Grand-Mère nous a lancé un regard froid par-dessus ses lunettes dorées. Le genre de regard qui vous fait frissonner et qui vous fait rentrer la tête dans les épaules.

– Je ne veux plus entendre un mot à ce sujet. Linn, je crois qu'il est temps pour nous de partir.

– D'accord, a murmuré Linn, en nous jetant, à Rowan et à moi, un coup d'œil.

Elle avait les joues bien roses.

– Bonsoir les filles, a lancé Grand-Mère à notre attention.

– Bonsoir, avons-nous marmonné, encore secouées par le sermon.

– Bon, je suppose qu'on laisse tomber, a soupiré Rowan après avoir entendu Grand-Mère et Linn refermer la porte derrière elles.

– Je suppose.

– Il ne nous reste plus qu'à nous taire et à supporter.

– Je suppose.

– Tu veux laver ou essuyer ?

– Hein ?

Je me suis retournée. Rowan tenait d'une main un torchon et de l'autre les gants en caoutchouc. Elle essayait de faire comme si de rien n'était ; pourtant, elle avait autant que moi le moral dans les chaussettes.

J'ai haussé les épaules.

– Pour tout dire, je préférerais creuser un grand trou dans le jardin et me mettre dedans. Mais je vais essuyer. Commence, je vais aux toilettes.

– Tu ne vas pas essayer de te noyer dans la cuvette, hein ? a blagué Rowan.

– Avec notre tuyauterie en vrac, il faudrait au moins deux semaines pour que j'arrive à remplir suffisamment la baignoire pour me noyer.

Bon, c'était comme ça. Nous allions devoir partager la maison avec la Famille Infernale pendant encore une semaine entière et Grand-Mère nous avait sermonnées vertement, nous reprochant d'être infantiles et mal élevées. Mais tant que Rowan et moi trouvions la force de blaguer, j'avais des chances d'échapper à la folie. Peut-être…

Quand j'ai monté les marches, tous les chats se sont enfuis. Puis un ou deux sont revenus en voyant que je n'étais pas un ennemi. (Eddie, en particulier, n'avait pas apprécié que Charlie déshabille le facteur jouet de Tor pour lui enfiler le pantalon et la veste bleu marine et l'affubler de la casquette.)

C'est à ce moment-là que j'ai entendu des voix provenant du premier étage. Elles venaient très exactement de derrière la porte de la chambre de Tor. Quelle histoire Papa lui racontait-il ce soir ?

Mais ce n'était pas Papa qui parlait…

– … je ne savais pas où il était. Je l'ai retrouvé dans le jardin, comme ça !

Tor tenait à la main un objet noir et blanc. J'ai discrètement regardé dans l'entrebâillement de la porte et j'ai reconnu M. Pingouin, la peluche préférée de Tor. Sauf qu'il lui manquait les trois quarts de son rembourrage et un œil.

– Et tu crois que c'est Charlie qui a fait ça ? a demandé Papa, assis en tailleur sur le parquet au pied du lit de Tor.

Tor a secoué la tête de haut en bas.

– Il est horrible ! Ils sont tous horribles !

Ouaouh ! Mon petit frère disait ce qu'il avait sur le cœur. C'était beaucoup plus direct que le plan que mes sœurs et moi avions échafaudé dans la cuisine. Je me demandais bien comment Papa allait réagir.

– Tu le penses vraiment, Tor ?

Nous le pensons tous, Papa, nous le pensons tous ! J'avais envie de hurler. Mais j'ai laissé Tor continuer.

– Oncle Jo est tout le temps en train de te taper.

– Il ne me frappe pas vraiment, Tor, a rectifié Papa. C'est une manière de se montrer amical.

– C'est un gros taureau ! a marmonné Tor en regardant sa couette imprimée de dauphins.

– Oh ! Tor, ton oncle Jo n'est pas un gros taureau, a soupiré Papa. Il est juste un peu… hum… lourd…

Lourd ! Ça, c'était difficile de ne pas le remarquer. Comme aujourd'hui au zoo, quand il s'était mis à pousser des cris et des grognements devant la cage des gorilles – ignorant délibérément la pancarte qui interdisait de tels comportements ! Évidemment, les animaux étaient devenus fous, ils s'étaient jetés contre les barreaux, avaient sauté partout dans leur cage jusqu'à ce qu'un gardien vienne lui demander d'arrêter. Oncle Jo s'était contenté de rire. Et je passe le vendredi précédent, quand il avait déambulé dans la maison en chantant : « Je suis un champion, je suis un champion ! » au moins cinquante fois, seulement parce qu'il avait gagné au golf contre Papa. Bien sûr, certaines personnes (moi par exemple) pensent que gagner au golf n'est pas bien difficile quand on est soi-même un bon joueur et que son adversaire en connaît autant sur le sujet qu'en chirurgie du cerveau. Mais ça n'a pas empêché oncle Jo de hurler et de se vanter, et de taper Papa dans le dos pendant tout le dîner.

– Écoute, Tor, je te promets que je parlerai à oncle Jo et tante Pauline de Charlie et M. Pingouin…

– Et de Spartacus et des Lego…

Alors Tor lui avait aussi parlé de ça.

– Et de Eddie déguisé en facteur… Et de Winslet dans le sèche-linge… Et de…

– Et de tout le reste, Tor. Je m'en occupe, l'a interrompu Papa d'une voix rassurante, mais il y a une chose…

« Oh-oh, de quoi s'agit-il ? » me suis-je demandé, en essayant de ne pas respirer trop fort pour ne pas perturber le tête-à-tête de Tor et Papa.

– Vois-tu, Tor, a repris Papa d'un ton d'excuse, tu aimes beaucoup tes sœurs et tu es content de les avoir près de toi ?

Tor a acquiescé solennellement, en tapotant le crâne de Rolf, qui était sorti de sous le lit.

– Tu serais triste si tu ne les voyais pas souvent…

Mon petit frère a acquiescé une nouvelle fois.

– Parfois, je suis un peu triste parce qu'oncle Jo vit si loin. Je ne peux pas le voir quand je veux.

– Oh ! a murmuré Tor.

« Oh ! » ai-je pensé en reculant sur le palier. Mon sentiment d'injustice avait disparu.

– Si tu veux être gentil avec moi, Tor, laisse-moi un peu de temps pour faire mieux connaissance avec mon frère. Si tu peux, essaie d'arrondir les angles avec Charlie, et moi je te promets d'en parler à oncle Jo…

Je me suis sentie la fille la plus égoïste et la plus mesquine de l'univers. Ro avait raison ; même si passer du temps avec la Famille Infernale était aussi agréable que se faire arracher les ongles un par un avec une pince, il était important de laisser à Papa cette occasion de profiter de son grand frère qu'il n'avait pas vu depuis des siècles.

Cinq minutes plus tard, quand Papa est descendu dans la cuisine mettre l'eau à chauffer pour le thé, il m'a trouvée aux côtés de Rowan, un torchon à la main, occupée à me comporter comme une fille adorable et compréhensive.

Et puis il y a eu la dispute.

Ce n'était pas vraiment une dispute, mais Papa semblait agacé et la cause en était apparemment qu'oncle Jo se moquait de lui. (Ça me rappelait vaguement quelque chose.)

Toute la maisonnée était profondément endormie : Carli était pelotonnée dans mon lit à rêver (probablement) d'un nouveau tour d'hypocrite ; Charlie dormait dans le lit de Tor, rêvant (sans doute) à de nouvelles tortures à infliger aux animaux ; Tor s'agitait dans son sommeil (sans aucun doute), hanté par des images d'animaux torturés, et Rowan était dans son monde de paillettes, où ses cheveux étaient encore plus noirs et où une guirlande de tatouages ornait son bras. Tante Pauline ? Je l'entendais ronfler comme un porc dans la chambre de Papa.

Je voulais juste un verre d'eau.

J'ai entendu la voix de Papa.

– Tor n'a que sept ans, ça le bouleverse si on malmène ses animaux !

Je me suis assise sur la dernière marche. J'avais une vue parfaite sur le salon. (C'était la deuxième fois de la journée. Je devrais demander à la conseillère d'orientation quelle filière il faut suivre pour avoir un diplôme d'espion. Ally 007 et demi, ça sonne bien.)

– Ha ha ha ! Allons, Martin ! Un peu d'humour, que diable ! Même si c'est Charlie, il a juste voulu s'amuser. Personne n'a été blessé.

Je ne voyais pas leurs visages d'où j'étais – ou plus exactement d'où nous étions, car Winslet était venue me rejoindre – mais j'apercevais le bras d'oncle Jo qui prenait une bière sur la table couverte de bouteilles vides. Papa et oncle Jo étaient là depuis un bout de temps.

– Mais Tor est blessé… et Charlie ? Il a bien failli être blessé lui aussi quand il a essayé de mettre Winslet dans le sèche-linge.

Entendre son nom et celui de Charlie dans la même phrase a fait pousser un grognement à Winslet. J'ai mis une main sur son museau pour la faire taire.

– Martin, ton fils est très sensible. On ne peut pas vous en vouloir, bien sûr, toi et les filles le gâtez à cause du départ de Mélanie, mais ce n'est pas une raison pour que…

– Laisse Mélanie en dehors de cette histoire, a lancé Papa précipitamment. Mais puisque nous en arrivons au sujet des épouses, c'est assez désagréable de voir la tienne enlever toutes les décorations que les enfants avaient mis tant de temps à installer !

– Pauline essaie juste de mettre un peu d'ordre chez toi pour t'aider…

– Les enfants et moi, nous aimons cette maison telle qu'elle est, Jo, et Pauline n'a pas voulu écouter quand je le lui ai dit hier. J'apprécierais que tu lui en touches deux mots. Si elle enlève encore un poster, ou prononce un mot sur le désordre de notre maison, tu peux chercher un hôtel, si cher soit-il !

– Eh, du calme, Martin, qu'est-ce qui te prend ?

– Ce qui me met réellement en rogne, a tempêté Papa, c'est que ta femme et toi n'arrêtez pas de faire des remarques désobligeantes sur Mélanie. Et devant mes enfants !

Waouh ! Eh bien, nous qui voulions protéger Papa ! Visiblement, il en savait beaucoup plus que nous ne le croyions. Et il ne l'envoyait pas dire à oncle Jo. Bravo !

– Pauline ? Elle ne dit jamais de mal de personne ! Tu te trompes, Martin, nous sommes seulement inquiets pour…

– Toi et Pauline n'avez pas arrêté de critiquer Mélanie. Ma belle-mère l'a remarqué, elle aussi !

Oui, Papa. Vas-y !

– Et je ne veux pas que les enfants en entendent plus, c'est compris, Jo ?

– Eh, eh, petit frère ! s'est exclamé oncle Jo. Ne sois pas si sensible ! Vous êtes tous d'une sensibilité incroyable ! Et tout ça parce que Mélanie s'est fait la malle sans même jeter un regard derrière elle !

– Jo, a grogné Papa.

– Allons, ne prends pas mal ce que te dit ton grand frère, viens là…

Il y a eu un silence. Et Papa a marmonné :

– D'accord, d'accord.

Winslet et moi avons grimacé en entendant que ce « d'accord » était ponctué d'une grande claque dans le dos.

– Pour te prouver notre bonne volonté, a repris oncle Jo, nous allons te laisser aller à cette grande foire au vélo, la semaine prochaine. Pauline et moi, nous nous occuperons des enfants. Qu'est-ce que tu en dis ?

« Non ! » ai-je failli hurler.

– Non, je ne peux pas, a affirmé Papa. J'ai déjà annulé ce projet de toute façon.

– Tu n'as qu'à le désannuler ! a ri oncle Jo. Demain, nous partons rendre visite à des parents de Pauline, mais nous serons de retour mercredi. Ce qui signifie que tu peux y aller sans problème, à cette foire. Et il nous restera encore un samedi à passer tous ensemble à ton retour. Comme une grande famille unie.

Non ! Nooooon !

– Je ne crois pas que...

– J'insiste, Martin. C'est un marché !

– Je ne peux pas...

– Mais si, tu peux ! Donne-moi une bonne raison pour laquelle tu ne pourrais pas !

« Parce que nous risquons de devenir fous ! » ai-je hurlé dans ma tête.

– Eh bien, je ne sais pas si Rory peut s'occuper du magasin si longtemps, je lui ai déjà demandé de changer ses dates...

– Téléphone-lui !

– Oui, mais s'il ne peut pas...

– Alors ferme boutique pour deux jours, Martin ! Et dis-toi que cette foire est une importante occasion professionnelle pour toi.

– Oui, je suppose…

– Tu vois ! Tu n'as plus d'arguments ! Alors…

– Oui, je crois que c'est possible…

Non ! Nooooooon ! Noooooooooooon !

– Fantastique ! Alors c'est décidé ! a triomphé oncle Jo.

Papa a dû acquiescer. Oncle Jo a lancé :

– Parfait, fêtons ça avec une autre bière ! Je vais en chercher.

Et il est sorti du salon, mais au moment où il a atteint le couloir, j'avais remonté les marches quatre à quatre, sans un bruit ; je me suis jetée dans mon lit, en espérant de tout mon cœur que cette conversation entre Papa et son frère porterait ses fruits et rendrait un peu plus supportable la semaine sans lui.

Si on veut résumer, on pourrait dire :

Aucune chance !

14

Kyra et le code secret

Excellent, excellent, excellent.

Ce qui fait trois « excellent ». Au cas où vous n'auriez pas remarqué…

1) Ce lundi matin, tout le monde se comportait à peu près normalement : tante Pauline avait laissé tomber son zèle domestique et n'avait pas prononcé une seule parole désobligeante sur Maman (la discussion de la veille entre Papa et oncle Jo aurait-elle eu son petit effet ?). Oncle Jo n'avait pas tapé Papa dans le dos une seule fois (il était donc parti au magasin avec le dos dans un état normal). Carli n'avait pas ouvert la bouche, Charlie n'avait apparemment pas torturé de nouveaux animaux depuis son lever (mais bon, il était encore tôt !).

2) La Famille Infernale partait rendre visite aux malheureux parents de tante Pauline et – quel bonheur – ils allaient y passer deux jours !

3) Kyra était revenue ! Et après cette semaine stressante (tu parles de vacances !), j'avais hyper envie d'entendre ses histoires de soleil, de mer, d'Espagne et de surfeurs !

Vous comprenez maintenant pourquoi trois fois excellent ?

– Qu'est-ce que Tor est en train de faire ? a demandé Kyra en regardant par la fenêtre de ma chambre le trottoir à côté de la voiture de location d'oncle Jo.

– Il cherche sa tortue, ai-je expliqué en la rejoignant près de la fenêtre avec deux verres de Coca que j'étais allée chercher dans la cuisine.

– Il veut lui faire une sale blague, ou quoi ? a plaisanté Kyra.

Sa peau était plus foncée que d'habitude et ses taches de rousseur avaient fait un retour en force.

– Non, c'est tout l'inverse. En fait, sa tortue a disparu depuis hier soir. Je suppose que Tor vérifie si un des membres de la Famille Infernale ne l'a pas mise dans ses bagages. Mais je crois qu'elle se cache en attendant que la situation soit moins dangereuse pour elle.

– Waouh, si ton frère soupçonne ta famille de lui avoir kidnappé sa tortue, c'est que les choses sont graves.

– Il a bien failli perdre Kévin, l'iguane, l'autre jour : Charlie lui avait attaché des ballons gonflables à chaque patte pour voir s'il pouvait voler. Un coup de vent et… adieu, Kévin…

– Dommage qu'on n'ait pas de ballons sous la main pour le moment, a sorti Kyra en regardant oncle Jo mettre les sacs dans le coffre de sa voiture. On les aurait remplis d'eau et balancés d'ici sur tes cousins.

– Bien sûr, et on aurait supporté un nouveau sermon de ma tante sur les petits voyous que nous sommes à cause de l'absence de ma mère, ai-je souri.

J'étais contente que Kyra soit revenue. Son culot était parfois effrayant, mais c'était agréable de discuter avec une fille courageuse et effrontée. Sans parler de sa langue de vipère.

– Alors comme ça, depuis que je suis partie, a-t-elle dit en arrêtant de boire, tout ce que j'ai manqué, c'est le spectacle navrant de tes cousins, oncle et tante qui essaient de te rendre folle, et une soirée pyjama chez Chloë ?

– Et aussi le fait que je me suis fait larguer par Frédéric, ai-je ajouté dans un long soupir.

– Ah oui, j'avais déjà oublié ! De toute façon, il est idiot s'il te largue parce que tu n'y connais rien au hip-hop et que ton meilleur ami est Billy.

Oh, c'était si bon de retrouver Kyra ! Je sentais mon ego endommagé reprendre du poil de la bête.

– Tu as raison ! Je m'en fiche complètement, ai-je lancé sur un ton de défi.

Kyra m'a souri en coin :

– De qui ?

– Je ne sais déjà plus. J'ai oublié, ai-je rétorqué pour jouer le jeu. Allez, vas-y maintenant, parle-moi de ce type que tu as rencontré.

J'étais au supplice. À peine arrivée chez moi, Kyra m'avait raconté que son père s'était fait piquer par une méduse, le premier jour des vacances, que les serveurs du restaurant où ils allaient manger tous les jours la draguaient et qu'une vieille Allemande bronzée déambulait sans soutien-gorge autour de la piscine. (« Si ses seins tombaient? Ils ressemblaient à des gants de toilette! ») Et ce n'est qu'après avoir énuméré tout ça qu'elle avait mentionné la famille avec laquelle ils avaient sympathisé; une famille avec un fils très très mignon. C'est tout ce qu'elle avait dit. Après, elle m'avait demandé des nouvelles du quartier.

– Bon, il s'appelle Sam, il a quatorze ans et il habite à Wimbledon.

Quand je pense qu'elle rêvait de rencontrer un surfeur espagnol!

– Et alors… ?

– Et alors quoi? m'a-t-elle taquinée. (C'est sa spécialité.)

– Est-ce que tu es tout de suite tombée amoureuse? Il ressemblait à quoi? Est-ce que…

Pendant que je bombardais Kyra de questions, j'ai senti une présence derrière moi. J'ai eu l'impression qu'on me versait un bac à glaçons dans le dos.

– Tout va bien, Carli? ai-je lancé à ma cousine qui traînait délibérément devant la porte.

Pour toute réponse, elle a désigné Colin du menton. Il dormait, satisfait, le ventre à l'air, ses trois pattes écartées sur mon lit.

– Ce chat n'a pas le droit d'être ici, a-t-elle déclaré, perturbant les doux rêves de Colin.

– Les chats n'ont pas le droit de venir la nuit, ai-je rétorqué. C'était ça l'accord.

Carli n'a pas répondu ; elle s'est balancée d'une jambe sur l'autre en me jetant un regard insolent. J'étais surprise. Je pensais qu'elle descendrait les marches quatre à quatre pour prévenir sa précieuse Maman que Colin infectait la chambre et que je m'en fichais (ce qui est normal pour une délinquante de mon espèce).

– Hum, tu ne devrais pas être dans la voiture, Carli ? ai-je demandé.

Elle a haussé les épaules et est entrée dans la chambre.

– Je suis venue chercher deux ou trois choses. De toute façon, personne n'est encore prêt.

« Oui, ta mère doit être en train d'enlever les dernières décos de Rowan et Charlie occupé à arracher les ailes de mouches… » ai-je pensé en la regardant s'accroupir devant sa valise et fouiller dedans.

Elle n'avait pas l'air pressée de partir. Elle s'est assise en tailleur sur le sol. Mais je ne la laisserais pas me gâcher ce moment avec mon amie.

– Alors continue, ai-je demandé à Kyra, tu me parlais de Sam.

– Eh bien, a-t-elle repris après avoir jeté un regard en coin à ma cousine, sa famille et la mienne se sont rencontrées sur un bateau. C'est une balade que Papa et Maman avaient prévue et je croyais que j'allais m'y ennuyer à mourir. Mais pendant que ses parents ont fait la connaissance des miens, quand on s'est arrêtés sur une île pour un barbecue, Sam et moi avons discuté. Il est super cool, il est DJ et il a ses propres platines de mixage chez lui.

J'ai failli demander où il pouvait bien être DJ. Sans doute au club « Dans ma chambre ». Je ne connaissais pas de boîte à la mode à Londres ou à Ibiza qui engagerait un DJ de quatorze ans. Mais je n'avais même pas envie de faire enrager Kyra. Après ma semaine en enfer, j'étais trop bien avec elle.

– Tu ne l'as vu qu'une fois ? ai-je demandé en prenant une gorgée de mon verre.

Les bulles du Coca me sont remontées dans le nez. Kyra, elle, a lâché un rot pas franchement féminin avant de répondre :

– Oups, pardon ! Excuse-moi. Mais non, on s'est vus tous les jours après ça. C'était génial, je crois que je serais morte d'ennui si j'étais restée collée à Papa et Maman toute la semaine. Sam et moi, on traînait au bord de la piscine ou sur la plage et on a rigolé. Même si c'était super pénible parce que sa petite sœur nous suivait partout.

– Elle avait quel âge ?

– Neuf ans, et elle était très curieuse ! a lâché Kyra en regardant vers Carli.

Carli farfouillait dans ses affaires en faisant très bien semblant de ne pas nous écouter, mais elle ne me trompait pas. Je me suis dit que j'avais intérêt à trouver un truc pour la question que je mourais d'envie de poser à Kyra.

– Est-ce que vous…

Je me suis tue, me demandant si Kyra allait comprendre. La subtilité n'avait jamais été son fort, et elle n'a pas de sœurs qui comprennent le moindre clin d'œil. Je devais réfléchir vite. J'ai eu une idée, inspirée (eh oui) par mon cousin Charlie.

– Est-ce que toi et Sam, vous vous êtes… ? ai-je de nouveau commencé, et j'ai soufflé sur la vitre pour faire un cercle de buée.

Du bout du doigt, j'ai écrit *embrassés* et à voix haute, j'ai dit :

– … marrés ?

Pendant une seconde, le regard de Kyra est allé de moi à ma fenêtre. Elle a semblé éberluée, puis elle a compris et a fait un sourire aussi large que celui du chat dans *Alice au pays des Merveilles.*

– Ah ! Oui, on s'est marrés ! Et pas qu'un peu !

Hourra ! On en arrivait à la partie intéressante de l'histoire ! Et Carli n'avait aucune idée de ce dont nous discutions.

– Et quand est-ce que vous… euh… vous êtes marrés la première fois ?

– Le premier jour, pendant le barbecue sur l'île !

Elle était toujours aussi rapide avec les garçons.

– Le jour du barbecue ? Vous vous êtes… marrés devant ses parents ?

– Non, on est allés se balader. Et je peux te dire qu'il emb… euh… se marre super bien !

– Vous vous êtes marrés souvent ?

J'essayais de me retenir de rire.

– Tous les jours ! a pouffé Kyra. Dès qu'on avait l'occasion, on se marrait, on se marrait, on se marrait !

Et là, Kyra et moi avons commencé à rire comme deux imbéciles. Ce genre de rire qui fait que plus vous essayez d'arrêter, plus vous êtes écroulées.

– Je l'ai ! s'est soudain exclamée Carli en brandissant un bandeau pour cheveux et en refermant sa valise si fort que Kyra et moi avons sursauté.

– Bon, ben amuse-toi bien. À mercredi, ai-je dit à Carli alors qu'elle descendait l'escalier.

Ça m'a fait comme un poids en moins sur la poitrine.

– Elle est… effrayante ! a lâché Kyra avec sa discrétion habituelle.

– Tu parles ! ai-je murmuré. On ne sait jamais ce qu'elle pense, ou ce qu'elle va dire.

Nous n'allions d'ailleurs pas tarder à le vérifier. Kyra et moi avons continué à parler gaiement de Sam et de sa langue de velours. Pendant ce temps, Carli racontait à sa mère que nous avions des discussions pornographiques à propos de « femmes nues » (elle avait dû écouter derrière la porte avant d'entrer) et de « choses sales avec des garçons ». Et elle n'avait pas oublié de mentionner le rot de Kyra.

Je l'ai su dès que tante Pauline a monté les marches en trombe (comme si elle avait un missile dans les fesses), hurlant qu'elle aimerait bien que Kyra et moi n'exposions pas sa fille chérie et naïve à nos conversations dégoûtantes !

Je n'en revenais pas !

Et puis oncle Jo a klaxonné et tante Pauline et ses deux farfadets vénéneux sont partis avant que j'aie le temps de me remettre.

– Eh, Ally… si Carli est censée être si naïve, a lancé Kyra, les sourcils froncés, dès que la porte s'est refermée, comment a-t-elle pu raconter des choses si « dégoûtantes » à sa mère ?

J'ai haussé les épaules et j'ai pris Colin dans mes bras pour me consoler en le câlinant.

– Je ne sais pas.

Qu'avais-je bien pu faire de si terrible dans une autre vie pour mériter une telle famille ?

15

Extraterrestres et crème glacée

Tout le monde est d'accord pour dire que les vacances, c'est génial. Pour ma part, je n'en suis pas si sûre.

Avant que vous ne me preniez pour une folle, je vais vous expliquer ce que je ressens. Évidemment, j'apprécie de ne pas avoir à me lever tôt et à me battre pour arriver la première à la salle de bains (il y a de l'eau chaude à la maison, mais seulement pour les trois premiers à prendre leur douche) ; je ne suis pas obligée de porter ma stupide cravate (Qui a inventé les cravates ? Ça ne tient pas chaud, ça ne soutient rien, ça ne sert à rien !) ; j'adore ne pas avoir de devoirs de maths (x + y =… Mon cerveau est déjà fondu) ; et si c'est juste pour Noël ou Pâques, les vacances sont une bénédiction.

Mais les vacances d'été, c'est pas pareil. Elles durent si longtemps que des tas de choses peuvent changer. Au collège, on voit ses copains tous les jours. Pendant les vacances, chacun part de son côté et, quelquefois, on ne se revoit pas avant la rentrée. Je me rappelle, en primaire, j'avais une super-copine. Elle s'appelait Beth. On était vraiment très proches en CE2, mais quand elle est revenue en CM1, elle avait complètement changé. Elle avait passé cinq semaines en France, avait pris un accent, s'était fait pousser les ongles et correspondait avec une certaine Amélie. Et elle préférait nettement passer du temps à lui écrire qu'à dévaler les pentes du parc en courant avec moi.

C'est ce qui me tracassait un peu. Je m'étais bien amusée avec mes amies, le jour de la soirée pyjama, mais les filles avaient eu l'air si bien ensemble (surtout Sandie et Chloë) que je me sentais un peu à part. Est-ce que cette impression persisterait après le départ de la Famille Infernale ? À part Kyra qui était venue lundi matin, je n'avais réussi à prendre rendez-vous avec aucune de mes amies ; elles avaient toutes des tas de choses à faire. Nous étions mercredi en fin d'après-midi, Carli et compagnie allaient arriver d'une minute à l'autre et je n'avais rien fait sauf chercher la tortue de Tor. Mes sœurs se tenaient à carreau depuis que Grand-Mère nous avait sermonnées. On s'était donc contentées de communiquer au minimum, du genre : « Passe-moi le sel », pour bien se tenir devant Papa. À vrai dire, je me sentais un peu seule.

À propos de tortues et de Grand-Mère, la nôtre avait temporairement obligé Tor à faire une pause dans ses recherches et l'avait emmené – avec Rolf et Winslet sans sa muselière – se promener au parc. Elle m'avait proposé de venir mais j'étais plutôt d'humeur à rester me morfondre en compagnie de mes idées noires. (Et puis je ne me sentais pas très à l'aise à l'idée de passer l'après-midi avec Grand-Mère après son sermon de l'autre soir.) En plus d'être abandonnée de mes amis et condamnée à rester seule en compagnie de quelques chats et d'un bol de nachos, j'ai décidé d'être triste parce que Papa était parti à la foire du vélo d'occasion ce matin. Ce qui signifiait que j'allais devoir subir des membres de ma famille que je n'appréciais pas le moins du monde alors que j'avais si peu de temps à passer – et, dans le cas de Maman, pas de temps du tout ! – avec ceux que j'aimais.

Puis, tout à coup, j'ai pensé à une photo rigolote qui avait été prise un été, il y a de longues années… Dessus, il y a mes sœurs, ma mère et moi dans le jardin en train de hurler parce que Papa nous arrose avec le jet d'eau. Il essaie en même temps de nous attraper – ce qui explique que le cliché soit flou.

– Je voudrais vraiment que tu sois à la maison en ce moment, Maman, ai-je soufflé en ouvrant mon placard pour prendre ma boîte à photos. Toi, tu réglerais toute cette histoire avec oncle Jo !

Mais je savais que c'était faux ; oncle Jo avait raison, Papa est un tendre et Maman aussi. Elle se serait mordu la lèvre et aurait compté jusqu'à dix millions – comme nous le faisions tous, y compris Papa, malgré sa dispute avec oncle Jo l'autre soir – pour éviter les conflits. D'ailleurs, Papa s'était encore fait manipuler ce matin : juste avant de partir, il s'était laissé convaincre d'accepter quelque chose que Linn n'allait pas apprécier du tout. Oncle Jo avait téléphoné (de Guildford, chez la famille de tante Pauline) pour suggérer que le meilleur moyen d'éviter des drames entre Charlie et Tor était que Charlie emménage dans la chambre de Linn pendant l'absence de Papa. Et il avait accepté ! Je sais qu'il pensait à Tor (bien sûr), mais il ne pensait pas aux répercussions pour Linn : voir son sanctuaire envahi par un affreux troll hyperactif risquait de lui donner une crise cardiaque.

De toute façon, ce n'était pas mon problème. (J'avais assez de soucis de mon côté.) J'allais attraper la boîte de photos quand je me suis arrêtée. La boîte n'était pas à sa place habituelle, c'est-à-dire coincée dans le fond, derrière mes bottes d'hiver et des tennis trop petites que je garde parce que je les adore. Elle avait été déplacée, le couvercle était ouvert et un papier vert en dépassait (le programme du dernier spectacle de Noël de Tor, sans doute…).

J'ai oublié ma photo et j'ai jeté un regard soupçonneux dans ma chambre. Tout était bien à sa place… enfin presque à sa place.

Le tiroir avec mes pulls et mes gilets, que je n'avais pas touché depuis la fin de l'hiver, était très légèrement entrouvert, un petit morceau de lainage qui dépassait l'empêchait de se fermer entièrement. Les feuilles et les notes que j'avais laissées en vrac sur mon bureau étaient parfaitement empilées, comme si quelqu'un les avait regardées et rangées alors que moi, je ne le fais jamais. Le maquillage que je laisse sur ma table de chevet était là où il devait être, mais il y avait une grosse trace de doigt sur le tube de gloss à la framboise que je n'avais pas encore utilisé. Et près de la goutte de vernis mauve que j'avais déjà remarquée, il y avait du fard à paupières bleu qu'on retrouvait également sur le couvercle de la boîte dans laquelle je rangeais mes bracelets, mes bagues et le reste de ma quincaillerie.

Eh, je me demande comment Carli se sentirait si je racontais ça à tante Pauline. Si je lui disais qu'elle a fouillé dans ma chambre ? Mais tante Pauline ne me croirait pas, elle accuserait Winslet ou la tortue d'avoir voulu essayer mon fard à paupières plutôt que d'admettre que sa petite fille chérie était coupable.

– Saaaaaluuut !

Hourra ! Rowan était rentrée. Je voulais qu'elle voie ça, et j'avais un immense service à lui demander avant que ma tête n'explose.

– C'était stupide !

– Qu'est-ce qui était stupide ? ai-je demandé à Billy, un peu vexée.

Le soleil brillait encore magnifiquement au-dessus de la colline du parc. On aurait pu se croire en plein midi alors qu'il serait bientôt l'heure de dîner. (C'est ma montre qui le prétendait et non mon estomac qui était plein de glace aux noix de cajou.)

– D'abord tu vas voir Rowan pour lui montrer que Carli a fouiné partout dans ta chambre…

J'ai acquiescé. Je ne me rappelais que trop bien la conversation que j'avais eue avec ma sœur une heure plus tôt.

– … et après tu lui demandes de laisser Carli dormir dans sa chambre !

C'était vrai. Je n'avais pas très bien vendu mon affaire à Rowan. Sa chambre est un temple dédié au kitsch et au clinquant… l'idée que les petits doigts de farfadet de Carli puissent se promener sur ses précieuses affaires provoquerait à coup sûr une panique monstre chez Ro. Mais je la trouvais quand même super injuste. Après tout, j'étais celle qui passait le plus de temps avec ma cousine ; même Tor allait avoir du répit puisque Charlie avait emménagé dans la chambre de Linn. J'avais réellement espéré que Rowan jouerait son rôle de grande sœur, qu'elle apporterait la valise de Carli dans sa chambre et me promettrait qu'elle allait s'occuper de tout. Mais c'était oublier que Rowan n'avait que de l'air dans la tête.

– Tu aurais dû soudoyer ta sœur, a repris Billy, ça aurait été beaucoup plus simple.

– J'ai déjà essayé. Je lui ai proposé une nouvelle guirlande clignotante. Elle a refusé.

– Mon Dieu ! a glapi Billy en portant la main à son cœur comme s'il allait avoir une crise cardiaque. Tu es sûre qu'elle n'est pas malade ?

– Peut-être que tout ce colorant dont elle se sert pour ses cheveux lui fait fondre le cerveau et provoque des courts-circuits.

Ah, c'était bon d'être assise sur notre banc à dire des bêtises avec Billy ! Il avait été génial quand je l'avais appelé d'une cabine téléphonique entre chez moi et le parc. J'étais mal à cause du refus de Rowan (très compréhensible) de partager son espace avec le farfadet. Billy venait de rentrer d'un match de foot, mais il n'avait pas hésité à enfourcher sa bicyclette pour me retrouver ici. Je me sentais au bord du désespoir à son arrivée et il avait réussi à me remonter le moral. La glace qu'il avait piquée dans le congélateur de ses parents y était sans doute aussi pour quelque chose.

Une épaule pour pleurer (du moins pour se plaindre), une dose de glace curative… voilà un ami, un vrai !

– N'en veux pas trop à Rowan, Al, le fait d'avoir ces étrangers mal élevés chez vous ne l'enchante sûrement pas plus que toi. C'est sûrement pour ça qu'elle est tendue.

Billy avait raison. (C'était bien la première fois.) Oncle Jo, tante Pauline, Carli la menteuse et Charlie le cinglé étaient des étrangers même s'ils étaient de la famille. Celui qui a prétendu que les liens du sang sont les plus solides de tous se trompait lourdement ! Je commençais à me sentir coupable de m'être fâchée contre Ro. J'irais m'excuser en rentrant, je lui apporterais une nouvelle série de tatouages temporaires.

– Tu sais quoi ? ai-je lancé en agitant ma cuiller.

– Quoi ? a demandé Billy en prenant une nouvelle bouchée dans le pot que nous avions posé entre nous.

– Tu ne trouves pas bizarre que j'adore mon père et que je n'aime rien du tout chez mon oncle ? Ils sont frères, ils doivent bien avoir des points communs.

– Peut-être que ton oncle est un extraterrestre et qu'il se fait passer pour un humain. Il a été envoyé sur Terre sous la forme d'un bébé puis a épousé une autre extra-terrestre et ils ont eu des enfants extraterrestres ! Oh, oui, ta famille est bien étrange ! D'abord, ils commencent par envahir le Canada, puis notre quartier, et bientôt, ils s'attaqueront au monde ! C'est pas vrai, Ally, tu dois les empêcher de réaliser leur projet d'asservissement de la planète !

J'étais sur le point de lui faire remarquer qu'il était complètement à la masse mais je me suis dit que c'était peut-être ma dernière occasion de rire pour la semaine.

– Et comment puis-je les arrêter ? ai-je ri.

Billy m'a jeté un regard intense.

– Ally, tu as besoin d'un plan d'attaque et d'un pistolet neutralisateur d'électrons d'extraterrestres.

– Ah oui ? ai-je répliqué en haussant les sourcils. Et où est-ce que je vais trouver ça ?

– Dans un supermarché, je pense, a répondu Billy, une demi-seconde avant que je me serve de ma cuiller comme d'une catapulte pour lui balancer de la glace en pleine figure !

16

Secrets et oreilles qui traînent

Jeudi : douzième jour de l'invasion de la Famille Infernale, deuxième jour seuls avec eux et quatrième jour de la disparition de la tortue.

– Ils te plaisent ?

J'étais assise dans le fauteuil gonflable vert fluo de Ro avec deux chats qui n'étaient pas Colin (Derek et Eddie) confortablement installés sur moi. Ils étaient assez lourds, mais ils avaient l'air tellement bien que je n'avais pas le cœur à les enlever.

Rowan a bondi de devant son miroir pour venir vers moi et m'a serrée dans ses bras. Ce qui nous a secoués un peu, les chats et moi. Et puis elle s'est laissée tomber près de moi pour admirer encore le cadeau que je lui avais acheté en douce pendant notre balade cet après-midi.

– Ils sont géniaux, Ally, merci !

Les tatouages à 2,99 £ que je lui avais choisis étaient tous mignons – sauf un qui représentait un diablotin et me rappelait deux affreux farfadets que j'avais le malheur d'avoir pour cousins.

Deux farfadets qui étaient en ce moment dans le salon, avec ce pauvre Tor si patient, collés devant une cassette vidéo que nous avions louée : *Shrek*. Tante Pauline et oncle Jo espéraient sans doute que nous occuperions leurs affreux gosses plus intelligemment (alors que c'est eux qui avaient promis à Papa de nous garder), mais vers deux heures, on en avait eu assez. Les jumeaux n'arrêtaient pas de se plaindre, de crier, de pleurer. Nous étions donc allés vite fait louer une vidéo pour avoir un peu de répit.

On faisait de notre mieux, mais on était encore loin de ce que notre chère tante attendait de nous. Quand ils étaient revenus la veille, Grand-Mère était rentrée chez elle. Au dîner, tante Pauline avait annoncé que le lendemain, elle irait acheter des souvenirs avec oncle Jo. Linn, Ro, Tor et moi nous étions regardés, pas très sûrs de ce qu'elle voulait dire par là. Puis oncle Jo s'était tourné vers Linn et avait dit :

– Qu'en penses-tu ? Un peu de baby-sitting ? Tu ne travailles pas demain, Linn, je crois.

C'était un peu gonflé de leur part de demander un service à Linn précisément le jour où ils avaient pris sa chambre en otage pour leur petit chéri. (Papa avait appelé Linn sur son portable dans l'après-midi pour la prévenir.) Oncle Jo et tante Pauline auraient dû remarquer qu'elle n'était pas franchement ravie ; elle était restée silencieuse et le visage fermé durant tout le repas. Mais les cerveaux d'oncle Jo et tante Pauline n'étaient pas programmés pour se préoccuper des sentiments des autres. Ils n'avaient donc pas hésité – sans doute parce que Linn a dix-sept ans, qu'elle est jolie et toujours tirée à quatre épingles ; elle était donc parfaite pour garder leurs monstres... euh... pardon, leurs jumeaux. Linn était trop bien élevée pour les envoyer balader, mais elle avait expliqué que son jour de congé avait été décalé à la dernière minute. Ils s'étaient donc, avec réticence, tournés vers la folle aux cheveux teints et aux tatouages, Ro, qui (pour son malheur) ne travaillait pas ce jour-là. Et moi, la graine de délinquante, je serais son assistante.

Waouh, mon oncle et ma tante devaient vraiment avoir très envie d'acheter des torchons marqués *I love London* pour nous confier leurs précieux trésors...

– Ro ! Tes cheveux sont de plus en plus foncés ! ai-je lancé en observant sa tête juste sous mon nez.

– C'est vrai ? Tu trouves ? s'est-elle exclamée en me regardant, un sourire jusqu'aux oreilles, comme si je venais de lui faire le plus beau compliment du monde. Mais tu crois que Grand-Mère a remarqué ?

Tu parles ! Grand-Mère n'avait pas lâché Rowan des yeux – les sourcils froncés – la dernière fois qu'elle était venue dîner. Les cheveux de ma sœur étaient passés de châtain clair à noir corbeau en moins de temps qu'il n'en faut pour le dire. Comment Grand-Mère aurait-elle fait pour ne pas le remarquer ?

Mais je n'avais pas l'intention de le dire à Rowan maintenant. Après cette affreuse dispute que nous avions eue la veille, je ne voulais pas remettre ça.

Je me suis donc contentée de hausser les épaules :

– Chaipas…

Je n'étais pas tout à fait capable de mentir avec un « non » franc et massif.

– Mais je me demandais… ai-je repris.

– Oui ? m'a souri Rowan de son air le plus innocent.

– … Tous ces faux tatouages, c'est comme pour tes cheveux ? Pour habituer Grand-Mère ?

Je n'avais jamais vu Rowan pâlir autant. On aurait mis un verre de lait à côté d'elle, il aurait été impossible de les différencier. (Sauf, bien sûr, qu'un verre de lait n'a pas d'yeux, ni de bouche ni de nez…)

– Laisse tomber, Ally…

J'ai arrêté de respirer et j'ai jeté un rapide coup d'œil à l'endroit de son bras qui avait été alternativement décoré d'une guirlande de roses en forme de cœur, d'un léopard et d'un Cupidon potelé. Ouf, rien d'autre que la peau, la vraie, de ma sœur. Pour le moment !

– Qu'est-ce que tu mijotes ? ai-je insisté en espérant – en priant – qu'elle n'avait pas l'intention de se faire tatouer une tête de mort.

– J'ai trop envie d'avoir un vrai tatouage, Al, mais je n'arrive pas à me décider. C'est pour ça que j'ai essayé tous ces faux tatouages : pour voir celui qui rendrait le mieux. Et aussi, comme tu as dit, un peu pour habituer Grand-Mère à l'idée…

Argh… mais qu'est-ce que Rowan avait dans la tête ? Elle pensait vraiment rassurer Grand-Mère et attendre d'avoir vingt-cinq ans pour annoncer que le motard tatoué sur son bras depuis dix ans n'était finalement pas de ceux qui s'enlèvent au savon ?

Mon cerveau turbinait à toute vitesse. Les deux chats se sont étirés. Ils ont redressé la tête et ont jeté un coup d'œil vers la porte. Je les ai imités et, au début, je n'ai rien vu. Et vous connaissez les chats : ils adorent vous faire peur en fixant le mur comme pour vous faire croire qu'ils voient des fantômes.

Mais à ce moment, j'ai entendu le palier craquer.

– Qu'est-ce que c'est que ça ? a sursauté Ro.

Une seconde durant, tous les quatre – Ro, Eddie, Derek et moi – avons retenu notre respiration. Et puis la porte s'est ouverte et Rolf a fait son apparition, tout penaud, et s'est glissé sous le lit de Ro. La seule chose qui l'empêchait de se traîner complètement au sol, c'étaient les trois pots de fleurs attachés à sa queue par du fil de fer.

Était-ce l'œuvre d'un esprit frappeur ? Ou d'une tortue mal intentionnée et étrangement invisible ? Oui, c'est ça, la coupable de ce méfait devait être Spartacus ! Aucune chance que mon cousin Charlie soit impliqué dans un acte aussi vil. Non ! Il n'était pas du genre à faire du mal aux animaux !

Ahem !

17

Biscuits et sympathie

Tor avait du retard pour rendre son livre à la bibliothèque.

C'est l'excuse que Rowan et moi avons donnée à oncle Jo et tante Pauline quand, vers quatre heures, ils sont rentrés. Ils ont gobé sans se demander pourquoi Ro et moi devions toutes deux escorter Tor jusqu'à la bibliothèque pour rapporter *Le Monde secret des écureuils.* Mais peu importe. Carli et Charlie avaient déjà été odieux, mais quand tante Pauline avait commencé à critiquer Londres (une fois de plus) et qu'oncle Jo avait éclaté de rire en voyant les pots de fleurs accrochés à la queue de Rolf, nous en avions eu assez. Rowan, Tor et moi avions trouvé une excuse pour partir et vite !

Bien sûr, nous n'avions pas vraiment besoin d'aller à la bibliothèque. D'ailleurs, nous n'y sommes pas allés. Dès que nous nous sommes retrouvés dehors, nous avons pris la direction inverse et filé chez Grand-Mère sur nos quatorze jambes (Winslet et Rolf s'étaient joints à nous pour cette grande évasion).

Nous ne savions pas si Grand-Mère serait chez elle, mais nous avions pris la clé qu'elle laisse toujours à la maison. Si elle était là, parfait – nous lui dirions juste que nous promenions les chiens et que nous étions passés lui dire bonjour ; si elle n'était pas là pour nous offrir elle-même des petits gâteaux, nous savions qu'elle ne nous en voudrait pas de nous servir nous-mêmes. Du moment que nous nettoyions nos miettes derrière nous. Et, avec Rolf et Winslet, ça ne posait pas de problème.

– Oui ?

L'interphone était bizarre aujourd'hui ; on n'arrivait pas à reconnaître la voix de Grand-Mère dans les grésillements.

– C'est nous, ai-je crié dans l'appareil, en espérant que Grand-Mère, elle, nous entendait.

Apparemment oui. La sonnerie a bourdonné, la porte automatique s'est ouverte et nous nous sommes rués dans le couloir.

– Pourvu qu'elle ne nous demande pas comment ça se passe avec oncle Jo et les autres, a murmuré Ro, en glissant la clé – du coup inutile – dans sa poche.

– Pourvu qu'elle ait des Pépito ! a lancé Tor, gai comme un pinson. (Ce qu'il n'avait pas été depuis un moment. Douze jours exactement.)

Nous nous sommes approchés de la porte de l'appartement qui s'est ouverte… sur Linn.

Ro a froncé les sourcils.

– Qu'est-ce que tu fais là ?

– J'habite ici en ce moment, tu as oublié ?

Linn prenait son air supérieur mais ses joues roses trahissaient sa gêne. Et elle pouvait se sentir gênée ! Elle avait affirmé qu'elle travaillait, et si elle était au magasin, moi j'étais un ornithorynque ! Et je n'en suis pas un, au cas où vous vous poseriez la question !

– Tu as dit à oncle Jo et tante Pauline que tu ne pouvais pas garder les jumeaux à cause de ton travail ! ai-je lancé, sachant qu'elle se disputerait moins facilement avec moi qu'avec Rowan.

Linn a bombé le torse, prête à m'envoyer une repartie à sa manière, et puis elle a laissé tomber.

– Je suis désolée. Je ne pouvais supporter l'idée de les garder. Encore moins après qu'ils ont convaincu Papa de laisser ce gamin envahir ma chambre.

Cinq minutes plus tard, il ne restait plus qu'un Pépito cassé dans le fond de la boîte.

Je l'ai tendu à Tor.

– Tiens, prends le dernier.

Oui, moi et mes sœurs aimions suffisamment Tor pour lui laisser le dernier Pépito (la dernière moitié), mais c'est facile d'être généreux quand on vient d'en manger tant, et tellement vite, qu'on commence à avoir mal au ventre.

– Je te jure, Linnhe, si tante Pauline me sort encore une fois que, avec un effort, je pourrais être aussi jolie que toi, je crie assez fort pour qu'elle se retrouve avec des acouphènes à vie !

– Acou-quoi ? a demandé Tor en partageant sa moitié de biscuit en quatre (un morceau pour lui, un pour Rolf, un pour Winslet et un pour Mushu, le chaton siamois de Grand-Mère, enroulé comme une écharpe autour du cou de Linn).

– C'est des sifflements dans les oreilles, a expliqué Linn rapidement avant de se tourner vers Rowan (Mushu a dû sortir les griffes pour garder l'équilibre). C'est pas vrai ! Elle continue avec ça ! Ça me hérisse quand elle le fait !

Rowan a haussé les épaules. Les petites fées sur son épaule ont joliment scintillé. (Elle avait utilisé presque tout le paquet de tatouages en une seule fois.)

– C'est pas ta faute.

Pendant un instant, j'ai regretté qu'un journaliste du 20 heures ne soit pas présent dans la pièce. Je l'imaginais parfaitement, installé dans le canapé avec sa caméra pour enregistrer ce moment historique. Il murmurerait dans son micro :

– Regardez, nous assistons à un événement très rare, Linn et Rowan Love sont d'accord, nous avons beaucoup de chance d'être présents pour assister à ce spectacle qui n'a eu lieu que deux fois, ces deux derniers millénaires, et deux fois dans la même semaine !

– Je sais que ce n'est pas ma faute, mais ça me rend malade. Elle et oncle Jo n'arrêtent pas de répéter que je suis aussi jolie que Maman, et après ils la critiquent !

– Au moins, oncle Jo ne t'a pas traitée de délinquante en herbe ! ai-je fait remarquer à Linn en ôtant délicatement les miettes de la table (comme le font tous les jeunes délinquants !).

Rolf a ouvert la bouche pour que je puisse laisser tomber les miettes dedans.

– Mais oncle Jo est aveugle, ou quoi ? s'est exclamée Linn. Il ne voit donc pas que ses enfants sont des petits monstres odieux et gâtés !

– Bien sûr que non, il est bien trop occupé à taper dans le dos de Papa !

J'avais dit ça comme ça, mais ma réflexion nous a tous laissés silencieux un moment. Nous pensions à toutes ces grandes tapes dans le dos de Papa et à ces remarques – si drôles – qu'oncle Jo n'avait pas cessé de lui faire. (Au moins, pendant ces trois jours de foire, Papa avait une chance que ses bleus disparaissent.) Bien sûr, oncle Jo prenait toujours le parti de rire – il n'arrête jamais de rire, d'ailleurs –, mais ces grandes tapes me paraissaient un peu forcées et ces remarques ressemblaient bizarrement à des reproches ou à des moqueries.

– Et Grand-Mère, qu'est-ce qu'elle en pense ? ai-je soudain demandé à Linn. Elle trouve toujours que la Famille

Infernale ne pose pas de problème ? Elle en a reparlé depuis dimanche ?

– Qu'est-ce qui s'est passé dimanche ? s'est enquis Tor.

– Rien, avons-nous répondu en chœur, Linn, Ro et moi.

– Non, a repris Linn. Mais je sais qu'elle ne les supporte pas.

– Comment peux-tu le savoir si elle n'a rien dit ? Surtout après le sermon auquel on a eu droit…

– Quel sermon ? a demandé Tor.

– Rien d'important, lui a répondu Linn.

Elle a ôté Mushu de ses épaules et le lui a passé pour le faire taire.

– Tu sais comment est Grand-Mère, a-t-elle ajouté, elle est trop polie pour dire les choses à voix haute, mais ce n'est pas difficile de deviner.

Grand-Mère est polie, ça c'est un fait. D'ailleurs, elle est si bien élevée qu'un jour, elle a demandé à un voleur de patienter alors qu'il lui hurlait de lui donner sa retraite qu'elle venait de prendre au bureau de poste. Comme il a crié encore plus fort, elle lui a rétorqué qu'il n'irait nulle part en étant si grossier. Mais même Grand-Mère peut perdre patience : la troisième fois qu'il a élevé la voix sur elle, elle lui a balancé en plein visage un grand coup avec le sac rempli de grosses pommes de terre qu'elle venait d'acheter, et elle l'a assommé. Elle a même eu sa photo dans le journal.

– Comment tu fais pour deviner ? me suis-je renseignée.

– Il suffit de voir comment elle pince les lèvres quand l'un d'entre eux ouvre la bouche.

Hmm. Je me suis fait une note perso : penser à mieux observer Grand-Mère à l'avenir. Mais autre chose me préoccupait ; une question qui m'était revenue plusieurs fois, ces derniers jours.

– Hum… vous croyez que Papa aime vraiment oncle Jo ?

Nous nous sommes regardés tous les quatre (et Rolf a fait de même, pensant sans doute que nous discutions de l'opportunité d'ouvrir un nouveau paquet de gâteaux).

– Je ne sais pas si Papa l'apprécie vraiment, a répondu Linn après deux minutes de réflexion, mais c'est son frère, alors, d'une manière ou d'une autre, il doit l'aimer.

J'ai regardé mon frère et mes sœurs et j'ai compris combien j'étais chanceuse comparée à Papa.

Et j'aimais Papa si fort que je lui devais bien un petit effort pour supporter la Famille Infernale quelques jours encore.

Sous la table, Winslet a grogné plaintivement comme si elle avait lu dans mes pensées… Ma décision ne lui convenait pas tant que ça.

18

Pour Papa, pour Papa, pour Papa…

– S’il te plaît, Sandie, viens. On a besoin d’aide.

Nous étions vendredi et Spartacus avait disparu depuis dimanche. Tor était au bord de la crise de nerfs.

Tous les deux – nous étions seuls à la maison ce matin-là –, nous retournions la maison à la recherche de la tortue. En vain… pas de sillage de laitue qui nous aurait menés à sa cachette ; et nous n’avions pas non plus de radar spécial tortues à notre disposition. (On en trouverait peut-être au supermarché, au rayon des pistolets neutralisateurs d’électrons d’extraterrestres…)

Non, ce qu’il nous fallait, c’était un coup de main, avant que Tor ne soit obligé d’aller coller des affichettes dans le voisinage et d’avouer à Michaël, notre voisin, que nous avions réussi à égarer l’animal de son client.

Argh !

– Ally, tu sais combien j’aime Tor, a marmonné Sandie dans le combiné, et je suis très triste que Spartacus ait disparu, mais je suis désolée, je… euh… je ne peux pas venir…

– Pourquoi ? ai-je insisté.

– Euh… j'ai promis à Maman… euh… de l'aider…

– Sandie Walker, tu es la plus mauvaise menteuse du monde !

– Désolée.

– La raison pour laquelle tu ne veux pas venir, c'est parce que tu ne veux pas croiser un membre de la Famille Infernale, c'est ça, hein ?

– Euh… oui.

Je venais de commettre la même erreur qu'avec Rowan, quand j'avais essayé de la convaincre de prendre Carli dans sa chambre après lui avoir raconté qu'elle avait fouillé dans mes affaires.

Sandie avait téléphoné pour discuter deux minutes et je n'avais pas pu m'empêcher de lui raconter les dernières atrocités que la Famille Infernale avait perpétrées. Et maintenant, je lui demandais de venir à la maison, au risque de les croiser.

– Mais ils ne seront pas de retour avant des heures, ai-je repris. Ils sont partis en voiture. Oncle Jo et tante Pauline voulaient montrer à Charlie et Carli les lieux où ils ont grandi.

À mon avis, ça ne risquait pas de passionner les jumeaux plus que les promenades dans Londres ! Apparemment, les seules choses qu'ils aient appréciées avaient été les jeux vidéo au Trocadéro (mais quand même, « ce n'était pas aussi bien que les jeux vidéo de Toronto ! ») et les beignets au chocolat.

Je suis moi-même une grande fan de beignets au chocolat (surtout ceux avec des vermicelles colorés dessus), je peux donc les comprendre, mais si vous pensez que c'est mieux que la tour de Londres (« Ça fait même pas peur ! »), le musée de cire de Madame Tussaud (« Ennuyeux ! ») et le Planétarium (« Qu'est-ce qu'on en a à faire de ces stupides étoiles ! »), c'est que vous avez besoin d'aller voir un médecin.

– Non, Ally, je ne viens pas...

– Je ne t'en veux pas. Est-ce que je t'ai raconté ce que nous avons décidé avec Tor et mes sœurs, hier ?

– Non, quoi ?

C'était un « mécanisme d'autopersuasion », c'est comme ça que Linn avait appelé ça (on voit qu'elle étudie la psychologie !). Au départ, nous, les enfants Love n° 1, 2, 3 et 4, étions chez Grand-Mère en train d'imaginer des stratégies pour ne pas nous laisser enquiquiner par la Famille Infernale. J'ai parlé de ma technique qui consiste à compter jusqu'à dix, en précisant que ça ne marchait pas vraiment. Mais du coup, Linn a eu une idée.

– À chaque fois qu'ils nous reprennent ou nous font une réflexion, nous pensons : « Pour Papa, pour Papa, pour Papa... », ai-je expliqué à Sandie.

– Oh, c'est bien !

Sandie n'avait pas l'air particulièrement impressionnée, mais je suppose que ce truc avait surtout du sens pour ma famille et moi.

– Allyyyyyy, viens m'aider ! a hurlé une voix du jardin.

– C'est Tor, faut que j'y aille, je ne veux pas le laisser tomber, ai-je dit à Sandie.

– Pourquoi est-ce que vous ne semez pas des morceaux de laitue tout autour de la maison ? Ça la fera peut-être sortir de sa cachette, a suggéré Sandie avant que j'aie eu le temps de raccrocher.

J'ai soupiré :

– Parce qu'on a un aspirateur canin à la maison qui ne dédaigne rien de ce qui se mange.

Puis j'ai dit au revoir à Sandie, enfilé mes tennis, dont les lacets avaient été mordillés par Rolf, et je suis allée rejoindre Tor dans le jardin, pour voir dans quel état il était à présent.

Plusieurs heures plus tard, retour de la Famille Infernale et toujours pas de tortue. Je montais dans ma chambre quand j'ai été bousculée par des boules de fourrure noires et blanches, et une autre rousse, clopinante.

« Que se passe-t-il ? » me suis-je demandé en reprenant mon équilibre.

J'ai levé la tête pour voir ce qui avait mis les chats dans cet état et, bien sûr, j'ai entendu les pas – c'était prévisible – de l'affreux petit farfadet dénommé Charlie. Mais dès qu'il m'a aperçue, au lieu de courir se réfugier dans la chambre de Linn, il s'est immobilisé sur le palier et a fait semblant d'observer la rampe.

– Qu'est-ce que tu fais ? lui ai-je demandé.

– Rien, a-t-il répondu innocemment.

Je suis montée jusqu'à lui.

– T'as pas besoin de ça, alors, ai-je lancé en lui prenant des mains le tranche-œufs qu'il cachait dans son dos.

Et je suis allée, comme prévu, aux toilettes.

Pour Papa, pour Papa, pour Papa…

La porte du salon a claqué derrière Charlie et j'ai sincèrement espéré qu'aucun chat n'avait trouvé refuge dans cette pièce. Alors que j'allais entrer dans la salle de bains, j'ai entendu des bruits dans la chambre de Papa. Des bruits qui ressemblaient à ceux de tiroirs qu'on ouvrait et fermait et de cintres qu'on déplaçait.

Qu'est-ce qui se passait là-dedans ?

– Oh, coucou Ally ! m'a gaiement lancé tante Pauline.

Elle tenait contre elle une longue robe style hippie.

Derrière elle, sur le lit, elle avait empilé d'autres vêtements et des gilets tricotés main que Maman adorait.

– C'est à Maman, ai-je dit bêtement. (Évidemment, ça ne risquait pas d'être à Papa, ne serait-ce qu'à cause de la taille.)

– Je sais, ma chérie, a répondu tante Pauline tout naturellement.

– Et qu'est-ce que tu fais ? ai-je demandé.

Mon sang s'est glacé avant de passer en moins d'une seconde à l'ébullition.

Je n'en revenais pas. De quel droit fouillait-elle dans les affaires de Maman ?

– Je fais un peu de ménage.

C'était encore pire que ce que je croyais !

– Quoi ?

Ma tante a haussé les sourcils.

– Ne le prends pas sur ce ton, Ally. J'essaie juste de donner un petit coup de main à ton père. Je sais que c'est trop difficile pour lui de jeter les affaires de ta mère, alors je le fais pour lui. C'est beaucoup mieux ainsi. Il est temps que ton père reconnaisse que Mélanie ne reviendra pas après toutes ces années !

Si j'avais été l'héroïne de *Tigres et Dragons* (un film qui avait déçu Tor, il avait espéré y voir des tigres et des dragons et pas des gens qui faisaient du kung-fu dans la forêt), j'aurais bondi dans les airs et balancé un coup de pied dans la tête de ma tante. Puis j'aurais repris les affaires de Maman avant même qu'elle ait eu le temps de tomber.

Mais je n'étais pas l'héroïne de *Tigres et Dragons*, je n'étais qu'Ally Love et tout ce que je pouvais faire, c'était sortir de cette chambre avant de donner à ma tante la satisfaction de me voir pleurer.

– Bien sûr, j'en discuterai avec ton père, pour savoir à quelle association caritative il préfère que je donne tout ça…

« Pour Papa, pour Papa, pour Papa… » ai-je murmuré pour moi-même en montant dans ma chambre.

– Ally, ce ne sont que quelques vêtements ! a crié tante Pauline dans mon dos.

Pour Papa, pour Papa, pour Papa…

Mais quand j'ai claqué la porte de ma chambre, la seule image qui me venait à l'esprit était celle de Maman…

19

Feux d'artifice et règlement de comptes

J'adore la musique classique.

Ha ha, je blague.

Je ne connais rien de Bach ou des autres (malgré notre prof de musique qui s'évertue à nous les faire connaître), mais je sais combien il est agréable, en été, d'aller passer une soirée au parc de Hampstead Heath.

D'abord ce parc est génial ; il est immense. Ce n'est pas le genre avec bassin et kiosque à musique, non, il y a des petits bois, des étangs et des prairies. Tout en haut d'une colline, se dresse une magnifique maison blanche, la maison Kenwood, qui a appartenu à un monsieur très riche (M. Kenwood ?) qui possédait autrefois toute la colline. (Facile de perdre une tortue dans cet espace !)

Maintenant, l'immense jardin de M. Kenwood est ouvert à tous, et un jour quelqu'un a trouvé que ce serait chouette d'y donner des concerts de musique classique en plein air, le samedi soir en été, près du lac. Si vraiment vous avez super envie d'entendre la musique, vous achetez une place près de l'estrade où joue le groupe (oups, pardon, l'orchestre) et sinon, vous pouvez tout simplement vous asseoir dans l'herbe près de la maison Kenwood, et écouter de plus loin, en admirant le paysage, en discutant, en vous reposant, en mangeant un pique-nique, en jouant au Frisbee et en rigolant pendant que le soleil se couche. Quand il fait nuit, il y a toujours un feu d'artifice qui clôt le spectacle. Vous voyez, pas besoin d'être fan de musique classique pour apprécier ce genre de soirée.

Les concerts du parc Kenwood sont légendaires à Londres et tous les gens qui y vont (même s'ils préfèrent la musique des Télétubbies) adorent. Sauf un vieux bougon qui habite près du parc. Papa m'a raconté qu'il jouait un grincheux dans une série télé des années soixante et qu'il a dû prendre son rôle trop au sérieux. Depuis des années, il se plaint dans le journal local du bruit insupportable de ces concerts et exige qu'ils soient interdits. Pardon, mais ça ne me semble pas aussi bruyant que de vivre près de l'aéroport et d'entendre les avions toute la journée ! Mais il y a toujours des gens qui veulent gâcher le plaisir des autres.

– La pelouse n'est pas humide ? s'est inquiétée tante Pauline en s'enveloppant l'arrière-train dans une des trois couvertures que nous avions étendues sur l'herbe.

C'était la dernière soirée que nous passions avec la partie canadienne de la famille Love. (Ne nous réjouissons pas trop vite.)

– Je ne pense pas, a répondu gaiement Papa, il n'a pas plu depuis trois jours.

Il s'est penché pour attraper une cuisse de poulet froid (préparé par Grand-Mère, Papa n'étant rentré de la foire au vélo que cet après-midi).

– Eh bien, moi, j'ai l'impression que c'est humide, a répété tante Pauline.

– Peut-être que vous êtes sourcière sans le savoir, a commenté joyeusement Stanley, le petit ami de Grand-Mère, en haussant les sourcils. Vous savez, ces gens qui ont un don pour trouver de l'eau où qu'elle soit…

Était-ce une esquisse de sourire qui se dessinait sur les lèvres serrées de Grand-Mère ? Pas facile à percevoir dans la semi-obscurité. En plus, elle regardait (ou faisait semblant de regarder) Tor qui jouait un peu plus loin avec son ballon Tigrou gonflé à l'hélium.

– Un peu de vin, Jo ? Pauline ? a proposé Papa en tendant une bouteille avec, lui aussi, un drôle de sourire.

Ou peut-être qu'il était juste content. On n'arrivait pas à savoir ce qui se passait dans la tête de Papa en ce moment. J'avais du mal à attendre que nous nous retrouvions enfin entre nous (dans pas longtemps maintenant…).

D'ailleurs, à propos de ne pas savoir ce qui se passait, une chose étrange avait eu lieu, la veille au soir. Je n'étais pas descendue dîner, prétendant que j'étais malade. (J'essayais de toutes mes forces, et en vain, de trouver une solution pour sauver les vêtements de Maman, et je n'avais pas le courage de manger la cuisine de tante Pauline.) Un peu plus tard, après que Carli s'était glissée dans mon lit et aussitôt endormie, j'étais descendue dans la cuisine sur la pointe des pieds. À la recherche d'un verre de lait et d'un truc à grignoter. Je ne sais pas exactement l'heure qu'il était, mais tous ceux de moins de trente-neuf ans semblaient au pays des rêves. Les autres (oncle Jo et tante Pauline) discutaient dans le salon. Je me suis faufilée dans la chambre de Papa avec la vague idée de descendre tous les sacs préparés par tante Pauline et de les cacher dans le jardin. (Oui, bon, pas évident de réaliser cette opération en silence, je sais !) Mais dans la chambre, il n'y avait plus de sacs. J'ai inspecté les placards : toutes les affaires de Maman avaient été remises en place. Je n'en revenais pas. Tante Pauline avait-elle changé d'avis ? (J'en doutais.) Alors que s'était-il passé ? Qui pouvait être au courant ? En tout cas, je me suis immédiatement sentie soulagée !

– C'est idiot d'assister à un concert et de ne pas voir le groupe, a grogné oncle Jo en se servant à manger tout en essayant de distinguer la scène.

– On est surtout venus écouter, a calmement lancé Papa, en ignorant Charlie qui faisait couler sur un morceau de carton la cire de la bougie que nous avions apportée.

– Attention, a gentiment souri Linn, en lui ôtant le carton des mains, tu ne veux quand même pas déclencher un incendie ou te brûler avec de la cire, Charlie.

Cette soirée au parc Kenwood était une brillante idée et c'est Papa qui l'avait eue : c'était un dîner d'adieu beaucoup plus sympa et original que dans une pizzéria. Mais bon, la Famille Infernale n'avait pas l'air d'apprécier des masses. Depuis le départ, tante Pauline n'avait cessé de se plaindre des autres voitures sur la route, de la difficulté que nous avions eue à nous garer, du manque de sel dans la salade de pommes de terre, de la queue pour aller aux toilettes, etc. Oncle Jo, lui, avait critiqué – sans cesser de sourire, comme d'habitude – le trajet choisi par Papa, la vue magnifique sur le parc Kenwood en partie cachée par les arbres (« Ils devraient tout couper ! »), le fait que l'orchestre était trop loin, etc. Pendant ce temps, les farfadets avaient pleurniché sans fin, clamant qu'ils s'ennuyaient et répétant sans arrêt : « Quand est-ce qu'on rentre ? » (ça, c'était Carli) ou faisant hurler le bébé des gens installés près de nous (Charlie, affublé du masque de gorille qu'il avait eu au zoo, qui s'approchait du bébé et lui criait dans les oreilles).

« C'est bientôt fini, c'est bientôt fini… » Voilà ce que je me répétais.

La seule idée de voir la Famille Infernale mettre tous ses sacs dans la voiture de location et repartir vers l'aéroport me donnait envie de hurler de joie. (Ne devais-je pas appeler l'ambassade du Canada pour les prévenir ?)

Oncle Jo et tante Pauline pouvaient être aussi désagréables qu'ils le voulaient, j'étais prête à le supporter. Surtout que nous étions tous ensemble : Papa, Linn, Ro,

Tor, Grand-Mère, Stanley et moi. La Famille Infernale était écrasée par le nombre. Nous étions invincibles ! Aucun de leurs propos ne pouvait plus nous atteindre !

– Maman, a commencé Carli de sa voix de bébé en se penchant sur l'épaule de sa mère.

« Nous y voilà de nouveau… ai-je pensé. "Quand est-ce qu'on rentre à la maison ?" »

J'avais hâte que le feu d'artifice commence pour que le bruit des pétards couvre la voix de ma cousine.

– Qu'est-ce qu'il y a, ma petite chérie ? a roucoulé tante Pauline en coinçant sa veste sous ses fesses pour se protéger de la soi-disant humidité.

– Rowan est vilaine, elle dit des mensonges !

Quand ces mots sont sortis de la bouche de ma cousine, le temps a semblé s'arrêter, comme quand on appuie sur « pause » pendant un DVD. (Chez Chloë par exemple, parce que chez nous, il n'y a qu'un vieux magnétoscope avec lequel l'image tremblote.)

Tante Pauline a froncé les sourcils :

– De quoi parles-tu, Carli ?

Nous étions tous immobiles comme des statues de glace, surtout Rowan.

– Je l'ai entendue dire à voix basse à Ally qu'elle allait se faire un vrai tatouage alors qu'elle a promis à sa grand-mère qu'elle ne le ferait pas. Hein, Maman, c'est mal ?

Aaaah ! Alors comme ça, l'autre jour quand nous les gardions, le bruit sur le palier ne venait pas seulement du pauvre Rolf venu nous montrer la dernière humiliation qu'il avait subie. Carli avait laissé traîner ses oreilles de farfadet pour écouter nos secrets.

– Oh-oh, tu as une enfant pas facile, Martin, a ri oncle Jo en donnant à Papa une tape sur l'épaule. On ne se demande pas de qui elle tient ! Sûrement pas de toi, petit agneau !

– Tu dois te tromper, Carli, a doucement répliqué Papa, ignorant oncle Jo. Rowan ne va pas se faire faire de véritable tatouage. D'ailleurs, elle n'a pas l'âge pour ça, n'est-ce pas, Ro ?

Mais Rowan est restée muette. Elle était sous le choc et manifestement... coupable. Elle a soudain baissé la manche de son T-shirt.

– Fais-moi voir ça, a ordonné Grand-Mère de la voix qu'elle utilise quand l'un d'entre nous s'est écorché le genou ou fait piquer par une abeille.

Elle a attrapé le bras de Rowan, a remonté sa manche, et a révélé un petit pansement blanc...

Cépavrai. Rowan l'avait fait pour de vrai !

Linn et moi nous sommes jeté un regard nerveux. Qu'est-ce que Rowan avait fait tatouer sur son bras pour toute sa vie ? Connaissant notre sœur, ça pouvait être n'importe quoi : un dauphin ou un personnage de son film préféré, *Le Magicien d'Oz.*

Grand-Mère a froidement regardé Rowan par-dessus ses lunettes.

– Je peux voir, s'il te plaît ?

Oh-oh, cette voix de maîtresse d'école n'était pas bon signe du tout. Grand-Mère était folle de rage. Rowan allait avoir de très gros problèmes. Et, à voir le sourire d'oncle Jo et tante Pauline, ils profitaient de chaque instant avec un plaisir non dissimulé.

– C'est Jake, le type avec qui je travaille, qui me l'a fait hier, a bafouillé Rowan en soulevant le pansement. Il fait des tatouages et des piercings et il croit que j'ai dix-huit ans. Je ne lui ai jamais dit que ce n'était pas vrai…

Avec une grimace, Rowan a tiré sur le pansement et nous avons vu… une croûte minuscule.

– Et c'est quoi ? a demandé Linn en se penchant.

Pour essayer de me rendre utile, j'ai approché la bougie du bras de ma sœur.

– C'est une…

– Une coccinelle ! s'est exclamé Tor.

Son ballon se balançait doucement dans la brise.

Il avait raison. Sous la petite croûte de sang séché (beurk), on devinait un petit rond rouge orné de points noirs. Une coccinelle grandeur nature, si petite qu'on pouvait la confondre avec une tache de rousseur.

– J'ai eu l'idée après avoir vu la photo prise au barbecue de Michael et Harry. Tu te souviens, Ally ? Quand la coccinelle a atterri sur mon bras.

– Exactement à cet endroit ! a ri Tor, manifestement super content, en posant son doigt sur le tatouage de Ro.

Ce qui n'a pas manqué de la faire grimacer à nouveau.

– Oh, pardon…

– Eh bien, jeune fille, a soudain lancé tante Pauline, je n'entends pas beaucoup d'excuses de ta part. Et très franchement…

– Très franchement, Pauline, a grogné Grand-Mère, de sa voix de maîtresse d'école, j'aimerais que cette fois, vous gardiez votre avis pour vous !

Waouh !

Tout le monde – y compris Papa, oncle Jo et Stanley – a été soufflé ! Même dans la semi-obscurité, on voyait que tante Pauline était rouge comme une betterave.

– Je voulais juste…

– … vous mêler de ce qui ne vous regarde pas ! l'a coupée Grand-Mère.

– Mais elle n'a que quinze ans et… et elle fait n'importe quoi ! Si elle commence à désobéir de cette manière… et cet affreux tatouage…

– Je le trouve très joli ! Du moins, il le sera quand il aura cicatrisé. Rowan, baisse ta manche, s'il te plaît.

Rowan a obéi sans un mot. Elle était sciée que Grand-Mère prenne sa défense sur ce sujet !

– Non mais ! s'est fâché oncle Jo. Personne ne parle à ma femme sur ce ton ! Martin, tu ne vas quand même pas la laisser s'adresser de cette manière à ma femme !

– Si.

– Quoi ? a hurlé oncle Jo.

– J'ai dit que si, a répété Papa plus fort.

Son visage était tendu.

– Parce que personne ne parle à ma famille de cette façon, a-t-il ajouté.

Autour de nous, les autres personnes venues pique-niquer se tournaient vers notre feu d'artifice familial au lieu de regarder le vrai qui pétaradait dans le ciel.

Oncle Jo a haussé les épaules.

– Eh bien, si tu es content que tes enfants ne te montrent aucun respect, je comprends pourquoi ta femme en a fait autant en partant se promener autour du monde…

– Jo ! Les seules personnes ici qui ne me respectent pas, c'est toi et ta famille ! l'a fermement interrompu Papa. Je t'ai demandé de dire à ton fils de cesser d'embêter le mien et tu l'as encouragé à continuer. Je t'ai demandé de ne pas dire de mal de ma femme devant mes enfants et tu ne t'es pas gêné pour le faire. J'ai demandé à Pauline de ne pas s'occuper de mes affaires et elle n'a pas cessé.

– Tante Pauline voulait jeter les vêtements de Maman, hier soir, a soudain annoncé Rowan. Je l'ai surprise en train de tout mettre dans des sacs ! Je lui ai dit qu'elle n'avait pas le droit mais elle m'a répondu que j'étais stupide et puérile. Après, je suis revenue dans ta chambre pendant qu'elle n'était pas là et j'ai tout remis à sa place !

C'était donc Rowan ! Je ne savais pas qu'elle aussi avait vu tante Pauline dans la chambre de Papa. J'avais été bien trop occupée à me morfondre dans mon coin.

– C'était donc toi ! a glapi tante Pauline. Est-ce que tu te rends compte que j'ai passé des heures à tout trier pour aider ton père ! Je savais que ça le bouleverserait trop de le faire lui-même.

– Pauline !

Le visage habituellement si calme de Papa était déformé par la colère.

– Comment as-tu osé toucher aux affaires de ma femme sans me demander la permission ? Et d'ailleurs à ce propos, je ne me rappelle pas que ta fille m'ait demandé si elle avait le droit de porter les colliers de Mélanie !

Nous étions éberlués devant ce coup de théâtre. Nous avons tourné la tête vers Carli qui portait, par-dessus son sweat-shirt, un des colliers de jade de Maman qui est normalement posé sur un arbre en terre avec d'autres bijoux sur sa coiffeuse. Alors comme ça, le petit farfadet ne se contentait pas de fouiller dans ma chambre !

– J'allais le remettre, Maman ! a gémi Carli en posant ses doigts aux ongles mauves (!) sur le collier.

Oncle Jo est devenu violet, mais au lieu de disputer sa fille, il a continué à s'en prendre à Papa :

– Tu sais ce que c'est ton problème, Martin ? Tu es jaloux ! Jaloux parce que nous avons réussi nos vies ! Alors que tu en es encore à travailler comme un forcené pour élever seul tes enfants dans cette maison quasiment en ruine ! Tu... tu n'as même pas de voiture !

Je suis sûre (il suffisait de regarder son visage) que, si Grand-Mère avait eu un sac de pommes de terre à portée de main, elle l'aurait balancé dans le gros ventre d'oncle Jo !

– Et vous, vous êtes la personne la plus grossière que je connaisse ! a-t-elle lâché. Vous n'êtes qu'un gros ours mal léché, Jo Love !

J'ai presque sursauté quand les gens assis près de nous ont spontanément applaudi à cette repartie.

Il aurait été étrange que Grand-Mère se lève pour saluer, mais elle était mon héroïne ! Elle avait peut-être plus de soixante ans mais elle l'avait mis KO, l'oncle Jo !

Est-ce que ça existe, des jeux Olympiques pour les grands-mères ? Elle serait sûrement championne toutes catégories !

Allez Grand-Mère, allez Grand-Mère, allez !

20

Paix, calme et macaronis

La voiture de location s'éloignait et prenait de la vitesse. Près de moi, Linn tenait un objet à la main. J'ai d'abord pensé que c'était une bouteille de Javel parce que je savais qu'elle avait l'intention de désinfecter sa chambre, maintenant qu'elle l'avait récupérée.

– C'est quoi ? ai-je demandé sans cesser de faire au revoir de la main à mon oncle, ma tante et mes cousins.

Nous étions tous là, Papa, Linn, Rowan, Tor et moi, à saluer poliment le départ de la Famille Infernale.

– Je ne suis pas fière de cet esclandre, nous avait expliqué Grand-Mère, la veille, alors que nous rentrions dans la voiture de Stanley. (Nous, on n'aurait pas pu être plus fiers !)

Pendant ce temps, Papa rentrait, sans doute en silence, dans la voiture de la Famille Infernale.

– Je vais vous demander de très bien vous tenir et de continuer à être agréables et bien élevés avec votre oncle, votre tante et vos cousins jusqu'à leur départ.

Nous agissions donc comme Grand-Mère nous l'avait demandé. Nous étions agréables et bien élevés (même quand Carli nous avait tiré la langue par la vitre arrière de la voiture). Je ne vous dirai même pas ce que Charlie était en train de faire. Je me sentais trop bien pour y prendre garde. Le seul fait de savoir que Papa et Grand-Mère avaient compris ce que nous avions dû endurer pendant ce séjour me suffisait.

– Encore un coup de Charlie, m'a répondu Linn en me montrant des pinces à linge. Il s'en était servi pour fermer le bec de Britney.

– Britney ! s'est écrié Tor en se précipitant pour aller consoler son pauvre pigeon.

La voiture a enfin disparu au coin de la rue et Rowan a joyeusement lancé son bras en l'air. Ce que la douleur lui a immédiatement fait regretter.

Je me suis tournée vers Papa, dont le regard n'avait pas encore quitté la rue.

– Ça va, Papa ? lui ai-je demandé.

– Que veux-tu dire, Ally ?

– Eh bien, tu voulais te rapprocher d'oncle Jo, et au lieu de ça, vous vous êtes disputés.

Papa est resté silencieux une seconde avant de soupirer.

– Vois-tu, Ally, Jo et moi n'avons jamais été proches quand nous étions enfants. Alors je suis un peu triste bien sûr, mais pas vraiment surpris que nous n'arrivions pas à nous entendre mieux maintenant que nous sommes adultes.

– Est-ce qu'il te commandait toujours comme ça quand tu étais petit ? s'est renseignée Linn.

C'était drôle que ce soit elle qui pose la question : elle était parfois la reine de l'autoritarisme. Mais au moins, elle ne le faisait pas exprès. Enfin pas vraiment. Et surtout, elle n'était pas toujours en train de nous taper dessus. Elle ne frappait même pas Rowan quand elle nous avait préparé un de ses horribles dîners.

– Oui, il était déjà comme ça, a souri Papa. Et comme il était le préféré de votre grand-mère Love, il en profitait encore plus. Mais c'est ce qui est étrange dans une famille. Le fait d'être frères et sœurs ne nous oblige pas à tout supporter. C'est comme pour des amis, l'amitié et le respect se méritent.

Ça m'a fait drôle de l'entendre parler ainsi. C'était hyper sentimental et ça m'a mise un peu mal à l'aise, mais ça m'a émue en même temps. Et j'ai remarqué que mes sœurs étaient touchées elles aussi.

– Regarde ce pansement sur ton bras, Ro, s'est soudain exclamée Linn. C'est dégoûtant, il est tout sale !

Rowan a jeté un coup d'œil sur le pansement effectivement devenu gris.

– Je crois qu'il reste des pansements Winnie l'ourson que nous avions achetés pour Tor la fois où il est tombé dans le parc en jouant à cache-cache avec Rolf. Je peux t'en mettre un… si tu veux…

– D'accord, a accepté Rowan, enterrant ainsi officiellement la hache de guerre avec Linn.

Au moins, les relations trop nulles entre Papa et son frère n'auraient pas eu que des inconvénients. Et qui sait ? Peut-être que Linn et Rowan allaient s'entendre jusqu'à… demain ?

– Allyyyyyyy, Papaaaaaa ! Venez voir ce que Sandie a trouvé !

Nous avons tous traversé la maison en courant vers le jardin, manquant de trébucher sur le sac que Sandie avait laissé dans l'entrée. (Oui, elle était venue passer une semaine à la maison, même si elle n'avait plus vraiment de raison puisque les travaux chez elle étaient terminés. Mais j'étais ravie !)

– Sandie l'a trouvée sous la cabane du jardin, elle a dû rester cachée là tout le temps ! criait Tor, excité comme une puce en montrant Spartacus, que Sandie tenait fièrement dans sa main.

– Je l'ai attirée avec une feuille de laitue, a souri mon amie, mais regardez ça !

Elle a fait tourner la tortue sur elle-même (le pauvre animal a agité ses pattes désespérément, pensant certainement qu'on allait la coller sur un skate-board, vu tout ce qui lui était arrivé ces derniers temps).

– C'est à moi ! s'est écriée Rowan.

Un faux tatouage représentant un Cupidon potelé avait été collé sur la carapace de la tortue.

Papa a haussé les sourcils.

– Travail manuel signé Charlie, je suppose.

– Hé ! ai-je lancé. Si nous redécorions notre maison comme au début des vacances ?

C'était le seul travail manuel que j'avais envie de faire : punaiser les affiches de mauvais goût de Rowan, remettre les banderoles et les fleurs en plastique pour retrouver « El Paradiso » !

– Ouais, moi je vais allumer les bananes, a proposé Tor en courant dans la maison.

– Et moi, je regonfle le gorille, a souri Papa en se lançant à sa suite.

Linn a levé les yeux au ciel :

– D'accord, je m'occupe des posters, mais je veux un truc plus sympa que l'Islande sur la porte de ma chambre !

– Rowan, a demandé Sandie en reposant Spartacus sur la pelouse, tu peux me faire voir comment tu fais tes mobiles avec des fourchettes ?

– Pas de problème, mais je dois d'abord recoller la Croatie. Est-ce que quelqu'un a de la Patafix ?

Pendant que Sandie et toute ma famille rentraient dans la maison en discutant, je me suis allongée sur l'herbe et j'ai regardé Spartacus dans les yeux.

– Crois-moi, lui ai-je chuchoté, tu vas te plaire ici maintenant que tout est redevenu normal.

Normal ! Hum ! Dans cette maison ! Mais à qui essayais-je de faire croire ça ?

Bon, je dois y aller de toute façon. (Rowan est en train de fabriquer une nouvelle pancarte en nouilles pour la porte d'entrée. Elle a marqué dessus : *Les vacances commencent MAINTENANT !*) J'ai promis d'aller lui acheter des macaronis parce qu'il n'y en a plus. (Je sais qu'elle est tête en l'air, mais si elle nous sert des macaronis au fromage goût colle et peinture ce soir, il risque d'y avoir des problèmes !)

Ally

P.-S. : Grand-Mère et Rowan ont passé un accord. Pour se rattraper du tatouage, Rowan a promis de ne plus se teindre les cheveux. Le seul problème, c'est qu'elle a utilisé de la teinture permanente au lieu d'un produit qui part au shampoing, alors maintenant, elle a les cheveux bicolores. Ce qu'elle trouve cool… (Eh oui !)

P.-P.-S. : Le soir qui a suivi le départ de la Famille Infernale, Sandie et moi avons allumé une bougie dans le jardin pour les pauvres citoyens canadiens. Vous avez toute notre sympathie, votre beau pays ne mérite pas d'être gâché par les jumeaux infernaux et leurs parents. Mais, s'il vous plaît, s'il vous plaît, gardez-les pour vous !

P.-P.-P.-S. : Pensée du jour : La personne qui a prononcé la phrase « Les liens du sang sont les plus solides de tous » ne devait pas avoir un gros ours mal léché et insensible comme oncle Jo dans sa famille. Je pense que la famille, ce n'est pas juste une question de parenté ; c'est savoir qu'il y a toujours quelqu'un à vos côtés pour vous soutenir... Même si Linn ne m'a pas vraiment soutenue l'autre jour, quand j'ai prétendu ne pas avoir vu le Post-it collé sur son yaourt aux céréales et que je l'ai terminé avec des biscuits. Hmm, c'est peut-être pas mal d'être enfant unique. (Ça évite toujours de se faire tuer par une sœur aînée enragée !)

Table des matières

Prologue • 7
Bonjour, hola, hello ! • 10
Des visiteurs (pas si) mystérieux • 19
Petit creux et souvenirs • 31
Bon, ben… aloha ! • 38
Premières (et mauvaises) impressions • 49
Matin maussade • 57
Chez moi, c'est mieux ! • 63
Un gros mensonge et une journée de repos • 71
Merci, merci beaucoup, Carli… • 77
Libérée pour bonne conduite • 87
Maudite soit ma cousine ! • 93
Le mystère de la tortue scotchée • 100
Disputes et espionnage • 107
Kyra et le code secret • 123
Extraterrestres et crème glacée • 132
Secrets et oreilles qui traînent • 140
Biscuits et sympathie • 146
Pour Papa, pour Papa, pour Papa… • 153
Feux d'artifice et règlement de comptes • 160
Paix, calme et macaronis • 172

Du même auteur
dans la même série

Le Monde délirant d'Ally

Nains de jardin, téloche et grosse pétoche

EXTRAIT

Bizarre et merveilleux (enfin, presque merveilleux)

– Aïe ! ai-je grogné.

Un cactus sournois venait de s'attaquer à ma jambe nue. J'ai reculé précipitamment et j'ai senti un truc mou contre mon épaule. J'ai prudemment tourné la tête et j'ai vu une goutte rouge dégouliner le long de mon bras et s'écraser, splitch ! sur mon short en jean.

J'ai d'abord cru que je m'étais blessée et j'ai bondi… pour subir l'attaque d'une culotte blanche taille 64.

À ce moment-là, je me suis réveillée !

Non. Je me suis seulement rappelé que, sur le balcon de Kellie, il valait mieux être prudent. Certains locataires de l'immeuble accrochent des plantes sur leur balcon, d'autres y font sécher une ou deux paires de chaussettes, mais celui de la mère de Kellie, qui doit avoir approximativement la taille d'une boîte à chaussures, ressemble à quelque chose qui tient en même temps des jardins suspendus de Babylone et d'un bateau-lavoir en miniature.

Fatiguée d'attendre l'arrivée de Salma pour que nous puissions toutes aller profiter du soleil, j'avais décidé d'aller y faire un tour. Je m'étais retrouvée à rêvasser en regardant le coup de soleil d'un type chauve sur le trottoir juste en dessous. (La seule vue que l'on a, du troisième étage, depuis l'appartement de Kellie, est… le troisième étage de l'immeuble en face et la rue en bas.) C'est comme ça que je m'étais approchée un peu trop près du cactus, que j'avais écrasé une tomate bien mûre (sprouitch !) et que j'avais dû me défendre contre la culotte géante de la mère de Kellie.

– Salma est arrivée ! m'a prévenue Jen en passant la tête sur le balcon. Tu viens, Ally ?

– J'arrive !

J'espérais qu'elle n'avait pas vu que j'étais sur le point d'essuyer la tache de tomate écrasée de mon épaule avec la culotte XXL de la mère de Kellie.

Mes yeux ont eu besoin de quelques minutes pour s'habituer à l'ombre de l'appartement…

– Tiens, m'a dit Jen.

– Merci, ai-je murmuré en prenant le mouchoir en papier qu'elle me tendait.

(Argh ! Elle avait vu.)

– Super ! ai-je entendu Kellie s'exclamer (même si je n'arrivais pas encore tout à fait à la distinguer), maintenant que tout le monde est là, je vais vous montrer ce que j'ai déniché !

J'ai cligné rapidement des yeux, ça y est, ma vision était revenue à la normale. C'est vrai, nous étions toutes là : Chloë, Salma, Jen, Kellie et moi. Toutes sauf Sandie qui était partie en visite dans sa famille pour quelques jours, et Kyra qui faisait les boutiques avec sa mère. (On pouvait parier sans prendre de risque qu'en ce moment même, les magasins du centre étaient le théâtre de disputes et de lamentations.)

– C'est quoi ? ai-je demandé à Kellie.

Ce qu'elle avait dans son sac m'intriguait autant que son air mystérieux et sa façon de se retourner sans arrêt. Ça devait être au moins un microfilm top-secret sur un projet gouvernemental d'interdiction du gloss, des devoirs ou de je ne sais quoi. Si ça se trouve, James Bond allait surgir d'un instant à l'autre pour s'emparer d'elle et la jeter en prison !

– Regardez ! a souri Kellie en brandissant un livre et en jetant un nouveau regard soupçonneux derrière elle.

– Génial ! s'est exclamée Chloë en regardant le livre à la couverture cornée. *Faites pousser vos cactus*, fascinant !

Kellie a froncé les sourcils et a retourné le livre pour vérifier la couverture.

– Ah, non, celui-là, je l'ai pris pour ma mère, a-t-elle marmonné en fouillant de nouveau dans son sac. Ce matin, je suis allée à la bouquinerie avec ma cousine Laetitia, et j'ai trouvé... ceci !

EXTRAIT

Un sourire jusqu'aux oreilles, elle nous a tendu le livre.

– *Philtres d'amour en tout genre*, ai-je lu à voix haute, au cas où mes amies auraient oublié leur alphabet pendant les vacances.

– Waouh ! Cool ! Fais voir ! s'est étranglée Chloë.

Elle n'était plus sarcastique, plutôt excitée comme une puce.

– Il ne m'a coûté que cinquante pence et il contient des tas de recettes pour trouver l'amour, a expliqué Kellie.

Chloë lui avait pris le livre des mains et le feuilletait avidement. Salma et Jen s'étaient rapprochées pour en profiter aussi. Je les ai rejointes aussitôt. Je me suis placée derrière Chlo et appuyée contre le dossier du canapé.

– Tiens, Ally, a soudain décidé Chloë en me tendant le livre par-dessus sa tête, lis-nous-en une au hasard, tu sais, avec ta drôle de voix, là…

– Ouais, vas-y, Al, m'a encouragée Salma.

Ah. J'ignorais que je savais faire une « drôle de voix », mais puisqu'elles le disaient… J'ai rapidement tourné les pages pleines d'étranges et merveilleux philtres d'amour et je me suis arrêtée sur une recette avec un nom stupide.

– C'est parti, ai-je lancé en me redressant pour prendre une voix profonde. *Le Charme des Charmes pour Charmer Entièrement et Complètement.*

– Oooh ! J'en ai la chair de poule !

– Tais-toi, Kel ! l'a rabrouée Salma, assise sur le sol, les genoux contre la poitrine. Laisse parler Ally.

– *Pour que le philtre soit opérationnel*, ai-je repris, *il doit être préparé au premier coup de minuit.*

– C'est pas juste, s'est plainte Jen, je n'arrive jamais à rester éveillée après dix heures et demie.

– C'est sûr, s'est moquée Chloë, t'es en pyjama à huit heures pour que ta mère vienne te lire une histoire dans ton lit.

J'ai toussé bruyamment pour rappeler les filles à l'ordre.

– Laisse tomber, Al ! Moi je t'écoute, m'a lancé Salma.

– Bref, ça dit qu'il faut un coquillage, une pincée de muscade, un cheveu de votre tête…

– Et de quelle autre tête il pourrait s'agir ? m'a grossièrement interrompue Chloë.

– Ally, tu fais plus ta voix ! a protesté Kellie.

J'ai pris une grande inspiration et j'ai repris. Je n'avais que six phrases à lire, mais à cette allure, j'en aurais jusqu'à Noël.

– *Mettez ces trois ingrédients essentiels dans un tissu blanc et propre que vous repliez. Prenez ce paquet sacré dans votre main gauche et fermez les yeux. Visualisez une lumière blanche qui vous enveloppe. Maintenant que le charme est terminé, vous êtes irrésistible. Tous ceux que vous rencontrerez avant le douzième coup de minuit, la nuit suivante, tomberont éperdument amoureux de vous.*

– Génial ! s'est écriée Chloë. On n'a qu'à toutes le faire ce soir ! Et puis on se téléphonera dimanche pour comparer les résultats. On verra celle qui aura fait craquer le plus de garçons !

– Non, pas moi.

Salma a secoué la tête.

– J'emmène ma nièce et mes sœurs à un anniversaire, samedi. Si le charme fonctionne, je vais me retrouver avec vingt gamins de trois ans pendus à mes basques. Et pour être franche, j'espère trouver un petit copain un peu plus âgé que ça.

Chloë a haussé les épaules.

– D'accord, on choisit son jour pendant le week-end et on se téléphone lundi…

– Ma mère ! a soudain paniqué Kellie.

C'était plutôt bizarre, vu que Kellie et sa mère s'entendent super bien.

– Vite, Ally, cache le livre ! Ma mère va hurler si elle le voit !

– Pourquoi ? ai-je demandé en fourrant le livre dans mon short et en le recouvrant avec mon T-shirt.

– Tu sais comme elle est croyante, a sifflé Kellie. Elle déteste tous les sortilèges et ce genre de trucs… Même si c'est juste pour rire.

C'était vrai. Mme Vincent est super cool et laisse Kellie regarder tout ce qu'elle veut à la télé sauf *Sabrina, l'apprentie sorcière* et *Buffy contre les vampires.* Bon, Buffy, des fois ça fout la trouille, mais Sabrina ! Cette sorcière est à peu près aussi satanique qu'un Chamallow. Je commençais à comprendre pourquoi Kellie avait pris tant de précautions avant de sortir son livre.

– Salut les filles, a lancé gaiement Mme Vincent en essayant de passer la porte de la cuisine. (Ce qui était loin d'être évident avec ses sacs pleins à craquer. On avait l'impression qu'elle s'apprêtait à nourrir trois équipes de rugby et non pas sa fille maigrichonne.)

Elle n'a pas eu le temps d'entendre notre chœur de « bonjour » : le téléphone a sonné dans l'entrée et elle s'est précipitée pour répondre. Elle n'a donc pas remarqué nos visages sur lesquels on pouvait lire : « Mais non, on n'a rien fait de mal ! »

– Tu l'as mis où ? m'a soufflé Kellie.

– Dans mon short, ai-je répondu.

Jen a pouffé. Mais elle s'est arrêtée en voyant le visage tendu de Mme Vincent dans l'encadrement de la porte.

– Ally ? m'a doucement appelée la mère de Kellie. Un coup de fil pour toi. Ta sœur Linn. C'est à propos de l'enterrement…

Cet ouvrage est imprimé sur du papier
fabriqué à base de fibres provenant
de forêts gérées de manière durable et équitable.

Achevé d'imprimer en Espagne
par Novoprint
Dépôt légal : 1er trimestre 2012